Brota

Lopata, Guillermina

Brota: sé tu propia maga y crea la vida que deseas / Guillermina Lopata.
- 1a ed. ; 3a reimp. - Ciudad Autónoma de Buenos Aires.: El Ateneo, 2022.
344 p. ; 22 x 16 cm.

ISBN 978-950-02-1203-8

1. Desarrollo Personal. 2. Autoayuda. 3. Superación Personal. I. Título.
CDD 158.1

Brota
© Guillermina Lopata, 2021
Derechos mundiales para todas las lenguas

© Grupo ILHSA S.A. para su sello Editorial El Ateneo, 2022
Patagones 2463 - (C1282ACA) Buenos Aires - Argentina
Tel.: (54 11) 4943 8200
editorial@elateneo.com - www.editorialelateneo.com.ar

Dirección editorial: Marcela Luza
Coordinación editorial: Carolina Genovese
Edición: Mariel Pannunzio
Producción: Pablo Gauna
Diseño de interior: Julián Balangero
Diseño de tapa e ilustraciones: Raquel Cané

1ª edición: septiembre 2021
3ª reimpresión: septiembre 2022
ISBN: 978-950-02-1203-8

Impreso en Talleres Trama,
Pasaje Garro 3160,
Ciudad Autónoma de Buenos Aires,
en septiembre de 2022.

Tirada: 3000 ejemplares
Queda hecho el depósito que establece la ley 11.723.
Libro de edición argentina.

Brota

GUILLERMINA LOPATA

Editorial El Ateneo

"La mejor tierra para sembrar y hacer crecer algo nuevo otra vez está en el fondo. En ese sentido, tocar fondo, aunque extremadamente doloroso, es también el terreno de siembra".

Mujeres que corren con los lobos
Clarissa Pinkola Estés

Dedico este libro a Sara, mi hija, fuego mágico.
A Martino, mi hijo, agua y vasija.
A Martín, compañero amado de aventuras en esta vida
y en todas las que elijamos compartir.
A Laiza, nuestra perra, aire calmo.

ÍNDICE

PARTE 1. Reconocer

PARTE 2. Asumir

PARTE 3. Transformar

PARTE 4. Magia

EJERCICIOS DE LA PARTE 3

Confía en tu magia

Miércoles, 6 a. m. suena el despertador, como todos los días a la misma hora. Tu cuerpo refunfuña mientras tu mente intenta convencerte de que hoy será mejor. Al menos eso necesitas creer. Quieres dormir un minuto más y pasan muchísimos...

Te levantas. Preparas rápido todo lo que tienes que llevar porque, una vez más, has caído rendida a los embrujos de tus sábanas. También sabes el costo. Rápido, rápido, rápido. Ya es tarde para todo.

Te enojas, te arrepientes, te culpas. —Si me hubiese levantado a las 6 en punto podría haber desayunado y meditado, podría haberme peinado mejor o elegir qué prendas vestir. Pero usé esa hora sagrada para dormir un rato más, *ay ay ay*, ¿cuándo aprenderé? —te dices mientras apelas a un peinado mediocre.

Y así, sales a la vida... apurada, enojada, culposa, irritable. En un instante se esfuma la ilusión del "hoy será un día mejor" y comienzas a resignarte, lastimosamente, a vivir un día como todos los anteriores mientras tomas ese café aguado que alcanzaste a preparar en los últimos minutos.

Caminas hacia tu trabajo, con la cabeza gacha, entregada, con el ceño fruncido y te detienes en un semáforo. Un par de operarios haciendo equilibrio y a los gritos sobre unos andamios improvisadamente colocados llaman tu atención. De repente despliegan un cartel inmenso que dice: "Eres la protagonista de tu vida". Un instante basta para que sientas un escalofrío en todo tu cuerpo. Te quedas inmóvil mientras la gente te empuja, sin siquiera notar que la luz verde del semáforo indica que es tiempo de cruzar.

Allí te quedas, tiesa.

Allí permaneces, varias luces verdes más.

Allí se detiene el tiempo.

Allí reconoces que deseas *ser* la protagonista de tu vida.

Allí frente a una publicidad casual —nada casual— de un perfume, descubres que tu vida está llena de otros, pero vacía de ti.

¿Y ahora? ¿Cómo sigo? ¿Cómo se hace?

Conozco esa sensación de desesperación. La revelación viene de la mano de un miedo inmenso, raro, porque también viene de la mano de una gran esperanza.

Yo también estuve allí parada, frente a diferentes "carteles" que me abofetearon en varias oportunidades y de mil maneras, hasta que decidí *ver, verme* y *despertar*. He sido una hormiguita viajera en busca de mi *ser*. Es por eso, y por la pasión que siento por mi profesión, que decidí gestar este libro para ti.

BROTA es un viaje al reencuentro con tu esencia dormida, tu divinidad silenciada, tus poderes no reconocidos.

BROTA es la bolsa mágica que ofrenda todo lo que necesitas para develar tu *existencia*.

BROTA es acción.

BROTA es aventura.

BROTA es esperanza.

BROTA es valentía.

BROTA es alegría.

BROTA es disciplina.

BROTA es una mágica experiencia transformadora.

No importa la edad que tengas, si eres una joven impulsiva o una abuela experimentada. No importa donde vivas, en la ciudad, en el campo, en Argentina, Colombia o España. No importa la realidad social o económica que tengas, si no llegas a fin de mes o no sabes en qué gastar tu dinero. No importa si eres soltera o si estás en pareja hace mil años. No importa a qué te dediques, si eres ama de casa o CEO de una multinacional. No importa nada de esto. Lo único que importa es que desees *ser tú*.

Y para esto, creé un camino muy preciso y riguroso con un orden que debe respetarse. Está conformado por cuatro partes:

✳ Parte 1: *Reconocer*

En esta parte nos animaremos a ver, a identificar cada una de nuestras sombras, obstáculos que hemos encarnado de manera inconsciente durante muchos años de nuestra historia. Como una niña cuando entiende un problema de matemática y se le iluminan los ojos, es ese "¡Ah, lo entendí!". Eso mismo haremos, construiremos la luz que nos despierte a un nuevo ciclo, con valor, osadía y determinación.

✳ Parte 2: *Asumir*

En esta parte, tomaremos todos nuestros pedazos rotos, nuestros agujeros, nuestras penas, lo más oscuro y maloliente. Sin prisa, pero sin pausa, nos haremos cargo de nuestra vida y seremos protagonistas únicas en esta gran obra.

✳ Parte 3: *Transformar*

En esta parte estamos preparadas para conmensurar y ponernos a prueba con honor, conciencia, coherencia, amor y pasión.

✳ Parte 4: *Magia*

En esta parte encontrarás todas las pócimas para crear tu magia. Rituales, decretos, cuentos, ejercicios sutiles y aplicables, símbolos de poder para usarlos de manera ética y responsable para tu evolución.

Las tres primeras partes están compuestas por varios capítulos con temas específicos y estrictamente elegidos para ti. Varios de ellos te dirigirán a una página determinada de la Parte 4, donde sellarás lo trabajado de manera simbólica. ¡Un verdadero deleite!

Por ese motivo, la Parte 4 tiene un valor agregado, ofrendándote un tiempo de magia poderosa, pura acción para dar fuerza a tu trabajo interior. Recordaremos el valor del juego, del uso de los símbolos, ¡serás una gran *maga*! Y para esto debo decirte que, una vez que finalices esta introducción, te des un tiempo para crear tu *cuaderno* o *bitácora mágica*. ¡Atención! No vale usar cualquier cuaderno empezado que encontremos arrumbado por ahí. Una *bitácora mágica* es un cuaderno especial donde dejarás el registro de todo tu proceso, de inicio a fin. Por eso te invito a ponerle imágenes, colores, frases, olores, señaladores, fotos.

Si alguien de tus afectos la ve, automáticamente dirá: "Es de (tu nombre), ¡es ella en forma de cuaderno!". ¡No olvides tener una serie de lapiceras, lápices de colores y resaltadores!

Quiero decirte algo más: confía en ti. Estaré al lado tuyo todo el tiempo y, junto a nosotras, todos aquellos que, desde el dolor, el hartazgo, el aburrimiento, la tristeza, el enojo, tomaron impulso y se decidieron a *BROTAR*.

¡Te abrazo fuerte y aquí vamos! ¡Bienvenida a tu existencia!

Con amor y magia,

Gui

PARTE 1

Reconocer

CAPÍTULO 1

Mi nombre:
el sentido heredado, el sentido creado

S i algo nos llena de angustia y ansiedad a los seres humanos es el origen y la muerte. Tanto es así que las religiones han creado cientos de cuentos para calmar el vacío que produce la llegada y la partida.

El útero tibio y seguro nos recibe, nos aloja para iniciar nuestra historia.

La Cosmovisión Andina, enseñanza ancestral ubicada en el Alto Perú, me ha enseñado que somos nosotros quienes elegimos a nuestros padres. Elegimos a mamá, una mujer que nos ofrenda el cincuenta por ciento de nuestro código genético a través del óvulo y nos lleva nueve lunas en su vientre. Elegimos a papá, un varón que nos ofrenda el cincuenta por ciento de nuestro código genético a través del esperma.

Lentamente, en esas aguas nutricias vamos cobrando forma, en una mágica multiplicación y expansión biológica. Nuestra luz sin forma cobra forma. Lentamente y en respetuosa coherencia con la ley natural. Allí adentro todo es pura creación.

Las aguas irrumpen al encuentro del aire y, en un torrente tormentoso, se abre el portal a la individualidad. Dejamos de estar adentro y seguras para aventurarnos a la nueva vida.

Un camino por recorrer.

Con amor o sin él, con alegría o tristeza, con paciencia o urgencia, con caricias o indiferencia, con suavidad o rudeza, dejamos de ser parte de un cuerpo para comenzar a encarnar el propio.

Y nos nombran.

Fátima, Soledad, Sara, Agustina, Rocío, Victoria, Alicia, Ana, Érica, Martina, Juana, Chabela, Antonia.

Eso no lo elegimos, nos lo dan, nos lo ponen, nos lo heredan. Tiene un sentido para mamá, para papá, para las abuelas, para los abuelos, para el clan. Es la etiqueta que nos dice a qué linaje, familia, clan pertenecemos.

¿Alguna vez te has preguntado el sentido puesto en tu nombre?

* A veces nuestro nombre esconde secretos, historias que nadie nos ha contado.
* A veces nuestro nombre esconde emociones, sentimientos de otros y otras.
* A veces nuestro nombre esconde promesas, deudas de otros y otras.
* A veces nuestro nombre esconde mandatos, obligaciones tensas.
* A veces nuestro nombre esconde desencuentros.
* A veces nuestro nombre esconde, nos esconde.

Y así vamos creciendo, oyendo nuestro nombre cargado de otros, vacío de yo.

¿Qué dice en verdad nuestro nombre? ¿Estoy allí? ¿Me nombra? ¿O nombra a otros, a otras?

Nuestro nombre, esa palabra que han elegido sin nuestra autorización. Esa vibración de sonido heredada de la que no hemos participado y paradójicamente de la que somos protagonistas.

¿Nombre heredado o nombre creado?

Crear nuestro nombre es atrevernos a *ver* esas historias no contadas, contadas a medias, silenciadas, postergadas, trabadas; porque siempre hay una novela familiar para contar en un *nombre*, en nuestro *nombre*.

Cuando nos atrevemos a crear la pregunta por nuestro origen nos atrevemos a hacer una pregunta trascendente. Y la pregunta por el nombre heredado es un juego sutil que nos permite comenzar a recordar a qué vinimos para sacarnos con suavidad, pero con determinación, lo que definitivamente *no es nuestro*.

Entonces, con la ternura y la templanza de quien se dispone a renacer, te invito a crear tu nombre. Tu legítimo nombre, en tu nombre.

Te invito a crear el sentido, elegido por ti, tejido por ti, donde cada vez que te llamen, escuches en esa vibración tu verdadera existencia.

¿Qué quisieras escuchar cuando te nombran?

¿Te gustaría que tu nombre hable del poder, del valor, de la belleza, de la paz, de la abundancia, de la libertad?

Bienvenida a tu renacer consciente. Es para mí un gran honor acompañarte en este viaje profundo, donde juntas narraremos una nueva historia, *tu historia*.

Que tu nombre, *te nombre*. Te invito a hacer un ejercicio revelador en la **página 289**.

CAPÍTULO 2

¿Quién soy?
¿Quién no soy?

¿Quién soy? Dos palabras que hacen tambalear ese tablero que acomodas todos los días para que permanezca quieto. Es que muchas veces el movimiento aterra.

¿Quién soy? Tiene el poder de desordenarte ¡y qué bueno es esto! Estarás haciendo una mueca, tal vez suspirando o resoplando. Tal vez estarás sintiendo una especie de ardor en tu pecho o tal vez te estés resistiendo. Pero, si estás pasando por aquí es porque, sin lugar a dudas, tu tablero ya se movió. Al menos un poquito, por no decir que está patas para arriba.

¿Quién soy? ¿Quién soy? Nada, silencio, balbuceas alguna palabra.

No, no te pregunto cómo eres. Te pregunto quién eres.

No, no te pregunto a qué te dedicas. Te pregunto quién eres.

No, no te pregunto ni tu nombre ni donde vives. Te pregunto quién eres.

No, no te pregunto por tu pareja, padres o hijos. Te pregunto quién eres.

Como nubes abarrotadas en un día apurado, irrumpen en tu mente mareada y exigente, palabras, adjetivos, en un intento lógico de construir velozmente una respuesta que te deje tranquila. Las mujeres hemos aprendido que es más importante responder que preguntar. Quien responde es aplaudida, quien pregunta mucho es molesta. Qué creencia tan ofensiva hacia nuestro poder natural. ¡Seremos deliberadamente molestas!

Posiblemente, esta pregunta que hoy, en estas primeras líneas, te desconcierta, te interpela, te deja boquiabierta, te angustia y te genera impotencia, sea el portal hacia un nuevo ciclo cuando leas la última palabra de este libro y te descubras gritando a los cuatro vientos *quién eres* con fiereza y determinación.

Es posible que tengas miles de preguntas sin respuestas que te generen algo de adrenalina, algo de frustración, algo de temor o mucho de todo eso junto. Tranquila, abrazaremos las emociones más desagradables con entusiasmo y valor. Yo estoy aquí para acompañar tu nuevo ciclo que sin dudarlo ha comenzado desde el momento en que abriste este libro.

Por ahora, solo eres lo que te han dicho que eres. Te lo ha dicho mamá, papá, tus maestros, tus parientes, los más buenos y también los más odiosos. Todos te han dicho quién eres. También te han dicho quién no eres. Porque cuando vivimos en la dualidad (tranquila, ya te explicaré qué es la dualidad), somos y no somos. John Bradshaw, autor de libros acerca del niño interior, ha dicho que llevamos grabadas dentro 25 000 horas de cintas con la voz de nuestros padres o de quienes hayan cumplido su función. Esas palabras no tamizadas se han encarnado en nuestra alma, en nuestro cuerpo, en nuestra mente.

Nos advertimos ciegas repetidoras de definiciones sobre nuestra existencia creadas por otro que culturalmente ha tenido el poder y el permiso de definirnos.

Es por eso que nos cuesta tanto saber quiénes somos porque muchas de esas palabras constituyen cada uno de los barrotes de la jaula en la que nos hemos encerrado. Y es precisamente aquí que es posible, frente a estos barrotes oxidados pero testarudos, fieles a su función, que podemos preguntarnos y comenzar a molestar. *¿Quién no soy?*

No soy, no fui, no quiero seguir siendo.

Qué lindo es tomar cada barrote y decir:

* No soy exagerada
* No soy desprolija
* No soy delicada
* No soy obediente
* No soy gritona
* No soy buena cocinera
* No soy simpática
* No soy fría
* No soy miedosa
* No soy egoísta
* No soy
* No soy
* No

No soy eso que me dijiste que soy, que me dijeron que soy. **No sé aún quién soy, tampoco quién quiero ser, pero esto que han puesto en mi ser, no soy.**

Te acompaño a hacer un ejercicio muy simple en la **página 290**, que te ayudará a responder las preguntas de este capítulo.

CAPÍTULO 3

Mandatos y programas familiares

¿Cuál es tu historia? ¿Quién forma parte de ella? A menudo le prestamos atención a la historia de otra persona o nos enamoramos de la que cuentan en los cines, teatros o simplemente la que nos comparte la vecina.

Las historias narran cuentos, a veces con finales felices, otras con finales muy tristes. En ese manantial de palabras e imágenes nos apasionamos con algún personaje, odiamos al villano, nos emocionamos con los valientes, nos empoderamos con los atrevidos, nos identificamos con tantas y tantos: con el bueno, con la mala, con el excluido, con la engañada, con el triunfador.

Las historias nos permiten soñar, proyectar, sanar. Pero ¿qué sucede cuando nos toca contar nuestra propia historia? ¿Cuál es el guion? Mejor dicho, ¿de quién es el guion? ¿Quién lo ha creado?

Tu automático me dice:

—¿Qué me estás preguntando? Por supuesto que mi historia es creación propia.

Y yo me atrevo a responderte:

—¿Estás segura de que tú la has escrito?

Hagamos la prueba juntas, yo te acompaño. Permítete *discernir*, observar como cuando te deleitas leyendo tu novela preferida o comiendo palomitas de maíz mirando tu serie o película favorita. Juguemos a ser directoras de la novela de tu propia vida.

Cuando contamos nuestra historia, en muchos momentos, nuestros ojos miran hacia arriba en un intento infantil por adivinar la respuesta y gritar ¡Bingo! Pero sucede que cuando comenzamos a despertar, nuestra mirada perdida deja traslucir lo que hasta el momento no habíamos sido capaces de develar.

Y así nos descubrimos sorprendidas, repitiendo palabras, formas, modos que en realidad le pertenecen a nuestra familia. Frases que mil veces juramos no replicar para no parecernos a algún integrante de ella. Pensamientos que de adolescentes nos parecían ridículos y ahora se los machacamos a nuestros hijos e hijas con seguridad. Hábitos que de niñas no entendíamos pero que de todos modos debíamos obedecer permanecen intactos en nuestro museo interior.

¿De qué nos habla esto?

Nos habla de la fuerza que tienen los mandatos y los programas que nos dan identidad, ese sello ancestral que nos muestra de muchas maneras a qué familia pertenecemos. Es el código genético presente en nuestro ADN que nos da un tono de piel, un color de ojos o de cabello, la altura, las formas de las caderas. Nuestras células son testimonio vivo de ese encadenamiento de generaciones que nos definen.

Nuestra mente, nuestras palabras, nuestros modismos, nuestro cuerpo son el reservorio de toda esa información específica que pide ser continuada y honrada.

De esta manera, narras un cuento en el que hay piezas que le pertenecen a diferentes personajes de tu vida, amados o despreciados, y que hasta el momento has internalizado como propios.

¿Qué lugar ocupas en tu historia? ¿Qué personaje eres? ¿Has *elegido* ese lugar o has *asumido* ese lugar?

Un sonido punzante en los oídos te sacude. Sí, sacude reconocer que el guion de tu vida lo han estado escribiendo otros por ti, pero al mismo tiempo, ese impacto genera una fractura por donde comenzarás a *crear tu existencia.*

Los mandatos familiares constituyen esas historias, esos cuentos que heredamos y acumulamos en la memoria celular, que asumimos como propios, que creemos hablan de nuestra esencia.

Y de pronto estamos aquí descubriendo que es posible y necesario preguntarnos por el personaje que hemos venido encarnando durante tantos años.

Comenzamos a ver que la historia heredada no es sinónimo de historia elegida. Que personaje heredado no es personaje creado.

¿Cuál es entonces *tu historia*? Sé que sientes adrenalina, entusiasmo y también miedo, pero construiremos juntas un *nuevo* guion, *tu* guion.

Te propongo un ejercicio bellísimo, que requerirá de tu *observación*, de tu introspección consciente en una historia constituida por seres individuales que han coincidido en un tiempo y en un espacio. En ese entramado estás tú. Paso a paso comenzarás a ser consciente de tu existencia y, desde allí, lograrás transformarte. Dirígete a la **página 291** de este libro.

CAPÍTULO 4

Siete generaciones: los SÍ y los NO de mi historia

Llevamos en nuestra memoria celular la energía de nuestros ancestros. Viven en cada una de nosotras dentro de nuestro cuerpo, de nuestro color de piel y de ojos; viven en nuestras formas de cadera o de pechos, en nuestra altura, en nuestro tono de voz.

A veces sabemos mucho de nuestros abuelos y bisabuelos, y de los abuelos de ellos. A veces no sabemos nada, ni siquiera de nuestros padres biológicos. Sin embargo, conocer sus historias o no conocerlas no nos impedirá tomar contacto con nuestro linaje porque cada una de nuestras células tiene memoria. Allí está el mensaje de nuestro pasado intacto para cuando decidamos *recordar*.

Los cuentos de nuestra familia vienen siempre adornados con juicios de valor. A partir de ello hemos idolatrado o denostado a una abuela, alabado o condenado a una tatarabuela, etiquetado al abuelo de malo, a la bisabuela de amargada, a la tía abuela de enojona, al tatarabuelo de inteligente.

Lentamente, cada antepasado ha sido clasificado en *bueno* o *malo* según el relato de algún integrante familiar.

El absolutismo solo nos invita a clasificar de manera excluyente, olvidando que todos ellos y todas ellas viven en nosotras.

Nos pasamos la vida queriendo sacarlos y excluirlos sin siquiera darnos la oportunidad de *crear una historia sin aderezos ajenos*.

Despertar y crear tu propia existencia requiere una gran tarea y reconocer a tus ancestros sin la cuota de "buenos" o "malos" es necesario y liberador, porque las personas y las experiencias no son buenas o malas, simplemente son para que les demos sentido en nuestro camino evolutivo y de sanación.

Despertar tu existencia te invitará a iniciar un proceso muchas veces pesado y desafiante en el que cada una de las experiencias más dolorosas puedan ser abrazadas con los ojos del alma.

Reconocerlos vivos y vivas en nosotras nos dará la oportunidad de *elegir* qué queremos recibir y expandir en nuestra realidad y qué no de cada uno de ellos. Esto tiene un valor inmenso porque lo que no decidas tú, lo decidirá tu biología o tu historia contada por otros. ¿Cuántas veces encontramos enfermedades o trastornos que se repiten de generación en generación en formas casi idénticas?

Salirnos de los absolutos familiares nos invita a integrar la luz y la sombra en conjunto. Somos luz y sombra y nuestros antepasados también lo han sido.

Eres la versión más evolucionada de todos y cada uno de ellos y en este nuevo guion de tu vida, este es el capítulo de los 700 años, de las siete generaciones hacia atrás en un viaje profundo en el que comienzas a ser *consciente, honorable* y *adulta*, honrando la vida, el aprendizaje y la evolución de tu linaje.

CAPÍTULO 5

Obediencia al clan

S i nos detenemos unos instantes a mirar las historias familiares a lo largo de los años podremos advertir el valor de la pertenencia. Pertenecer al clan familiar aun en los peores contextos, siempre ha sido más valioso que no ser parte de nada.

La naturaleza en su inmensa sabiduría nos señala el poder que tiene pertenecer a *"la manada"*. ¿Alguna vez te has deleitado al observar ese lenguaje impecable sin palabras de los animales que se unen en una sinergia mágica? Ese lenguaje que cobra vida en la danza opulenta de vibraciones sonoras que tejen el poder y la sincronicidad. Una manada de lobos cazando, por ejemplo, es una de las imágenes más representativas de la fuerza que da la pertenencia como un acto de colaboración perfectamente ordenado frente a un fin común. Un lenguaje corporal que nuclea a cada uno de los lobos y lobas en comunión y reciprocidad. Cada uno de ellos tiene un lugar y una función en el trabajo instintivo de autopreservación.

Su aullido sella la unión de la manada ya que no es posible la conformación de ningún grupo que prescinda de la comunicación. Es el sonido más utilizado y tiene como función principal mantener en contacto a los miembros de la manada a kilómetros de distancia, ya que no se mantienen unidos todo el tiempo. Su cuerpo se dispone a crear el canal adecuado para que las vibraciones sonoras sean eficaces. La imagen sublime del lobo con su cuello en alto como si aullara a la luna es la postura que garantiza la potencia de su mensaje.

Los lobos establecen leyes, normas y jerarquías que ordenan y estructuran el conjunto que componen. Así hace su majestuosa aparición el macho alfa, líder de la manada, y su pareja, la hembra beta, orden piramidal que establece la *obediencia* del grupo.

La manada protege, alimenta, ofrece un lugar y una función. Un sentido.

Pero como en todo grupo de seres vivos, existen los conflictos. Los lobos no escapan a esto y en ocasiones alguno de ellos es *expulsado* como castigo, convirtiéndolo en el *lobo solitario*. No ser parte implica un duro e incierto camino de supervivencia.

Como en una familia de humanos, hay rangos, lugares y roles que generan un determinado orden y jerarquía generalmente implícita; en la manada de lobos también encontramos rangos establecidos por peleas ritualizadas y posturas físicas que simbolizan el establecimiento de los lugares a ocupar. La mayoría de las agresiones entre los lobos de la manada no son dañinas ya que tienen por objetivo establecer qué lugar ocupará cada lobo dentro del grupo, pero ciertamente una pelea de riesgo considerable puede desencadenar lesiones importantes. El perdedor es expulsado de la manada, convirtiéndose así en el lobo solitario. ¡Cuánto para pensarnos a nosotros como seres humanos y como seres en manada! ¿Seremos muy diferentes? ¿Qué te parece a ti?

¿Qué significa pertenecer a la familia?

Al igual que los lobos, *ser parte* te ofrece, simbólicamente, un lugar de seguridad, aunque sea el lugar menos seguro de todos.

Ser parte te asigna un rol, aunque ese rol no lo hayas elegido.

Ser parte te ofrenda un linaje, aunque ese linaje te avergüence, te enoje, te duela.

Ser parte te da la ilusoria garantía de que nada malo sucederá porque lo peor que podría suceder es ser una "loba solitaria".

En cada clan se establecen reglas, normas y leyes a cargo del macho alfa. Pero, dependiendo de quien asuma el poder, el líder puede estar encarnado tanto por el varón como por la mujer. **Desde tu inocente niñez asumes como verdad estos acuerdos implícitos que te dan un lugar y que dentro de cada familia simboliza ser alguien.** Y así creces con regulaciones, mandatos, permisos y prohibiciones, tales como:

* "La pareja es para toda la vida".
* "Para ser alguien en la vida tienes que estudiar".
* "Eres torpe como tu abuelo".
* "En esta casa se respeta el apellido".
* "Cuidado con tu comportamiento en el colegio. Somos una familia de bien".
* "Serás médico como todos en esta familia".
* "No es aceptable que la mujer viva su sexualidad en libertad".
* "Un trabajo seguro es lo mejor".

Reglas que obedeces (del latín *obedire*, cumplir una orden) desde muy pequeña.

Cuando la adultez te convoca a discernir y te permites tímidamente revisar la constitución familiar, te das cuenta de que muchos imperativos no tienen que ver contigo ni con tu individualidad y allí es cuando irrumpe el conflicto porque cuestionar lo incuestionable mueve el tablero del orden familiar, de tu orden.

De repente, decides estudiar violín, asumir tu identidad sexual con orgullo y valor, aprender sin ir a la universidad, divorciarte cinco veces. De repente, te animas a encarnar la sensualidad y la seducción con absoluta libertad. De repente, frente a tu determinación desafiante sientes que aun sin palabras ni sermones te conviertes en la *loba solitaria*.

Aterra tanto que, de solo pensar en ser esa loba expulsada, te acurrucas y silencias tu deseo. Tranquila, paso a paso. No es el tiempo aún.

Aterra tanto que solo aparece en sueños. Tranquila, es una manera de comenzar a escucharte.

Aterra tanto que a veces solo es posible dejar de obedecer en tu imaginación. Tranquila, es un gran paso.

Aterra tanto elegir dejar de obedecer al clan que cuando finalmente decides elegirte a ti misma, la sensación de libertad que te inunda es tan grande que ya no hay forma real de seguir siendo obediente a lo que no habla de ti.

CAPÍTULO 6

Deber ser

Poco a poco vamos creando juntas los caminos del darnos cuenta. Nadie puede transformarse si antes no se dispone a entender, a develar, a observar. Lleva tiempo y también dolor. **El programa del apuro te dirá que pierdes el tiempo porque ir lento significa, para el gran colectivo de automáticos ciegos caminantes, no producir.** No producir significa quedar afuera de la manada. Y quedar afuera, al comienzo, se siente tenebroso.

Los programas son ideas, creencias que han estado presentes a lo largo de tu vida y que has internalizado como verdad porque así lo *ha dicho* tu padre, tu madre o tus abuelos, es decir, así lo han establecido las personas de "mayor rango", como en la manada de lobos. Esos programas van definiendo los *sí* y los *no* para ti y tu vida.

Del mismo modo que los programas familiares, nucleares, existen también programas más amplios, culturales, sociales, institucionales, y uno de ellos es el programa de la productividad, atravesado por el tiempo y por el consumo. Este programa nos habla de las virtudes del *hacer*. Quien hace produce. Quien produce compra. Quien compra tiene. Quien tiene escala. Quien escala obtiene poder. Quien obtiene poder es admirado. Quien es admirado *es*. Entonces, *no hacer*, implicaría quedar fuera (*game over*) y afuera, expulsada como una loba solitaria.

PARTE 1 · Reconocer

El programa del deber ser nos ha mantenido muy distraídas, perdidas, alejadas de nuestra esencia. Sí, lo sé, aún no sabes cuál es tu esencia. No hay apuro, tenemos tiempo.

Poco a poco y juntas vamos armándonos de valor para abrir los ojos y comenzar a ver, asumiendo que hemos estado muy dormidas.

Deber ser o ser. Cuánta profundidad y cuánta incertidumbre en tan pocas palabras.

Deber ser *buena*

Deber ser *educada*

Deber ser *ubicada*

Deber ser *trabajadora*

Deber ser *buena ama de casa*

Deber ser *madre*

Deber ser *excelente estudiante*

Deber ser *buena esposa*

Deber ser *calladita*

Deber ser *amable*

Deber ser *generosa*

Deber ser *tolerante*

Deber ser *buena hija*

Deber ser *seria*

Deber ser *sumisa*

Porque *no serlo* ha significado para muchas mujeres a lo largo de la historia y de las diferentes culturas, la marca de la *mala mujer*.

Muchas valientes rebeldes y renegadas a esta lista de "deberes" han pagado con su cuerpo y con sus vidas. **Todavía hoy dentro**

de los muros que silencian la violencia padecida, las mujeres siguen pagando con sus almas y con sus deseos el precio de canjear el deber por el ser.

Y como si no fuera suficiente, a la mujer que aún no se atreve a elegir su *ser*, a asumir su *deseo*, a la mujer que no puede recordar su *poder*, a la mujer que ha hecho carne el *deber ser* para otro, a esa mujer también se la hace pagar, en cuerpo y alma.

No tiembles, no se trata de que te conviertas, por citar un ejemplo, en Frida Kahlo, pintora mexicana mundialmente reconocida no solo por su magnífica y cautivante obra, sino por una vida atestada de dificultades, dolor físico y emocional, traiciones e infidelidades, en una época donde ser mujer y artista implicaban un claro acto revolucionario. A sus apenas seis años una despiadada poliomielitis la dejó postrada durante nueve meses. En plena adolescencia, padeció un accidente mientras viajaba en autobús. Este hecho marcaría una vez más su vida. Un cuerpo partido, dolorido e inmóvil no fue suficiente para que Frida se detuviese. Se alió al dolor, transformándolo en arte, su salvación. "Pinto autorretratos porque estoy sola a menudo y porque soy la persona que más conozco" afirmaría.

Las luchas por el ser comienzan a gestarse en las tímidas sensaciones de incomodidad dentro del deber ser, como ese quiebre que suena delicadamente anoticiando la muerte de la oruga y el nacimiento de la mariposa.

Oruga. Mariposa.

Dormida. Despierta.

Víctima. Guerrera.

Miedosa. Audaz.

Sola. En manada.

Sumisa. Atrevida.

Silenciosa. Presente.

Buena. Mala.

Suficientemente buena, suficientemente mala.

Libre.

Ser libre.

 Te invito, en un acto de arrojo, a realizar el ejercicio de este capítulo, en la **página 291**. ¡Te acompaño y creo en ti!

CAPÍTULO 7

La dualidad

Cuando nacemos, el primer acto psíquico, es decir, aquel proceso y fenómeno que tiene lugar en nuestra mente y que nos diferencia de los animales, se apoya en el reflejo de succión. El bebé llora y la madre o quien cumpla su función le da de mamar o el biberón para alimentar y cubrir la primera necesidad biológica del recién nacido. En ese mismo instante, apuntalado en la función nutricia, se inaugura el placer. El bebé experimenta un caudal inmenso de energía placentera que le deja una marca, aquella que intentará reproducir toda su vida. Es un hecho inaugural en el descubrimiento de lo placentero.

Este cachorro humano, emocionalmente prematuro y físicamente dependiente, comenzará a ser interpretado por un otro. Entonces estará su madre que dirá que "llora porque tiene hambre" o que "llora porque tiene sueño" o tal vez diga que "le duele la panza". También hará comentarios del tipo "qué buena es esta niña" o "qué caprichosa es". Por su parte, su padre también dirá "qué mal se porta", "qué linda es" o "qué inteligente es".

Pero en realidad, ¿qué genera ese llanto? Ustedes dirán,

—Es su mamá, la conoce, ella sabe.

La madre, el padre o quien cumpla esa función interpreta (oye, observa, habla, conecta) desde el amor, desde el dolor, desde su propia historia, desde sus patrones, desde su crianza, desde la individualidad.

Es durante los primeros meses de vida donde se genera una simbiosis entre el bebé y su madre. Ambos constituyen una célula indivisible. Luego, el puerperio representa ese tiempo donde madre e hija o hijo constituyen una unidad inquebrantable. Se completan a sí mismos. El padre no forma parte de esa relación inquebrantable, sino que acompaña hasta que, en determinado momento, interviene *separando*, es decir, introduciendo el corte y rompiendo esa relación. Necesariamente debe romperse para que ese ser nuevito, cachorro humano, tenga la oportunidad de *ser individualmente*, la oportunidad de advenir en *sujeto*.

Por supuesto que para que ese corte sea posible, la madre debe estar dispuesta y dar lugar a la palabra y acción del padre.

Ustedes me preguntarán por las madres o padres solos. Yo les diré que no estamos hablando de personas, sino de funciones. Una madre sola puede ser la propia voz paterna cuando, por ejemplo, reconozca que es necesario retomar el trabajo u ocuparse de tareas postergadas. Eso funciona como corte, como ley, como padre.

En esa separación y durante los primeros años de vida, las niñas y los niños comienzan a darse cuenta de que existe aquello que está bien y aquello que está mal, lo que se puede y lo que no se puede, lo correcto y lo incorrecto, lo que es ahora y lo que es después.

Y a partir de ese *no*, de ese padre que con su dirección y corte lo separa de su madre, se inaugura el deseo.

Ese niño, a partir de experimentar la falta, la ruptura, el no, habrá inaugurado un concepto único: el deseo. Algo que desconocía cuando estaba completo en ese vínculo exclusivo con su

madre, cuando desconocía el no y, en consecuencia, su universo desconocía el deseo, porque el deseo solo aparece cuando hay algo que no tenemos.

Comenzarán a llegar terceridades sociales, familiares, religiosas, institucionales llenas de leyes y patrones de lo que sí y lo que no. Aparece la dualidad, conflictos de dos polos, siempre opuestos y disociados, lo correcto e incorrecto aprendido en función de las leyes que le han impuesto a esta niña o a este niño.

El psiquismo se va formando y estructurando de esta manera.

Según el modelo Diamante de enseñanza no tradicional hay algunos elementos muy importantes y fundamentales para completar la psiquis: el *crédito*, el *valor* y la capacidad de *elegir* y *discernir*. Como sé que estarás preguntándote qué es la Enseñanza Diamante, hago un pequeño paréntesis para que no te quedes con la intriga. Es una escuela iniciática de saberes integrados fundada y dirigida por Miguel Valls. Integra herramientas y disciplinas del mundo del ocultismo, la magia, el chamanismo y las enseñanzas iniciáticas. Es una manera nueva de entender y llevar a cabo el mundo de la magia con un calendario, mapas y simbologías propias que no existen en ningún otro lugar. La frecuencia Cristal y la enseñanza Diamante vibran en armonía para que la Tierra y los seres que la habitan evolucionen hacia un mayor nivel de conciencia, abundancia, virtud, coherencia y plenitud, aumentando su valor y desarrollando capacidades energéticas y psíquicas que todos los seres humanos poseen, aunque muy pocos las reconocen. Me honra ser parte de esta familia.

Ahora que ya sabes de qué trata esta hermosa enseñanza podemos seguir. Un bebé recién nacido no tiene leyes, solo come, duerme y hace sus necesidades cuando quiere, ligado a un funcionamiento biológico.

A medida que crece se le imponen leyes y su universo se llena de *sí* y de *no*. Sin posibilidad de cuestionar.

Entonces, ¿cuándo completa el psiquismo el ser humano? ¿Cuándo integra el discernimiento? Creemos, ilusoriamente y también por construcción social, que cuando crecemos y nos independizamos, elegimos. ¿Elegimos? ¿Desde dónde elegimos? ¿En libertad? ¿En conexión con nuestro propio ser interior? ¿O creemos que elegimos, pero en realidad lo hacemos dentro de esa dualidad que nos sigue construyendo?

La clave, entonces, para vencer los no puedes, no sabes, no sirves, y trascender los patrones, lo conocido, lo asumido como verdad, está en la fuerza de nuestro deseo.

Esto se ve reflejado cuando somos adolescentes, por ejemplo, y con mayor o menor arrojo nos atrevemos a desafiar y cuestionar las leyes familiares o las palabras de los profesores en el colegio; cuando cuestionamos la religión asumida como verdad y de repente incorporamos un concepto más amplio de espiritualidad; cuando en el mundo íntimo soñamos y fantaseamos con ser todo eso que en la realidad aún no somos.

Todas, de alguna manera, hemos hecho ese recorrido. Primero nos llenan de leyes que nos determinan, luego nos revelamos ante la autoridad más brutal o más sutil para luego elegir nuestra propia ley. Y cuando llegamos a este punto, dejamos de estar en guerra con nuestros padres e incluso nos nace darles las gracias por todo lo que han hecho, con lo bueno y lo malo, porque con la propia ley y la conciencia en el crédito personal, la fuerza del deseo y la existencia consciente ya no hay dualidad que separe.

Esto significa que en el universo primero se da la existencia única para luego dividirse en dualidad, para que veamos que todo tiene un *sí* y un *no*, para que aprendamos a elegir, a discernir qué amar, qué desear y de qué manera, qué queremos incluir en nuestra vida y qué no.

Pero muchas veces cuando crece nuestro cuerpo y cumplimos años, aún seguimos regidas y regidos por esas leyes, por esa dualidad aprendida. Sin poder trascenderla ni construir las propias.

Sucede que sentimos miedo, porque es más seguro y cómodo continuar con lo aprendido, que desaprenderlo. Nuestro deseo ha ido perdiendo fuerza y poder. Y así pasan los años y nos vamos secando, tristes y enmudecidas en nuestra esencia.

Hasta que algo irrumpe en forma de dolor, de enfermedad o hastío y comenzamos de a poquito o de golpe a escuchar esa voz que está en nosotras. Aunque nos cueste escuchar porque se siente muy lejana o no entendamos muy bien qué nos dice, ese es el momento mágico donde el *despertar* es posible.

Te invito a realizar el ejercicio de la **página 292** ¡Hazlo con amor y sé honesta contigo! ¡Aquí estoy acompañándote!

CAPÍTULO 8

¿Vivir o existir?

¿Vivir o *existir*? ¡Me dirás que es lo mismo! Y yo te responderé categóricamente que *no* da lo mismo vivir que existir.

Te voy a ofrendar algunas pistas para que logres llegar a tus propias conclusiones, a tu propia verdad:

- Vives cuando te conduce el deber impuesto por otro. Existes cuando te conduce la fuerza de tu deseo.

- Vives cuando culpas al afuera de lo que te hace sufrir. Existes cuando asumes que eres responsable de tu realidad.

- Vives cuando reproduces programas de manera automática. Existes cuando identificas los programas heredados y eliges los que ya no te sirven.

- Vives cuando te esfuerzas para agradar al mundo, aunque eso implique dejar de ser quien te agrada ser. Existes cuando asumes tu poder natural en coherencia con tu voz interior.

- Vives cuando te domina la culpa, la duda, la ira, el miedo, la vergüenza, el pudor, la reacción, la desvalorización, la ceguera, la violencia. Existes cuando reconoces cada una de esas emociones en ti y les das sentido preguntándoles: ¿Qué vienen a decirme? ¿Qué debo trascender? ¿Qué debo integrar?

- Vives cuando habitas la seguridad que te da la comodidad habitual. Existes cuando navegas en los océanos imponentes e inciertos de la novedad.

- Vives cuando el miedo paraliza tus sueños. Existes cuando aun repleta de miedos no estás dispuesta a paralizar tus sueños.
- Vives cuando crees que tu luz se compra. Existes cuando descubres que la luz siempre estuvo dentro de ti.
- Vives cuando necesitas de otros para sentir plenitud. Existes cuando entiendes que no necesitas a nadie para ser feliz, pero que, junto a otros, la existencia es mucho más alegre.
- Vives cuando te sientes enjaulada. Existes cuando eres libre.
- Vives cuando tu trabajo es una obligación. Existes cuando la tarea es una elección.
- Vives cuando buscas con exclusividad la divinidad en un Dios todopoderoso fuera de ti. Existes cuando asumes que Dios vive en ti.
- Vives cuando estás dormida creyendo que estás despierta. Existes cuando despiertas entendiendo que has estado dormida.
- Vives cuando el tiempo se te escapa. Existes cuando eres soberana del tiempo.
- **Vives, reaccionando. Existes, *creando*.**

Ahora sí estás en condiciones de preguntarte nuevamente ¿*Vives* o *existes*? Para responder esta gran pregunta, te invito a la **página 292**.

CAPÍTULO 9

La víctima, la salvadora, la verdugo

¿**A**lguna vez te has detenido a pensar en cómo te comportas cuando se presenta un problema en tu vida?

Los problemas generan muchas emociones y pensamientos incómodos, displacenteros, dolorosos. Un *problema* es una situación que irrumpe en nuestra comodidad cotidiana, esa que tenemos memorizada y que no implica ningún gasto extra de energía. Pero, quizás, estés pensando que esa comodidad *¡No es cómoda!*

Los seres humanos, muchas veces, vivimos en una gran contradicción porque nos resulta muy fácil acomodarnos al lodo sucio y pestilente solo porque es el lugar conocido. Y más aún, esta situación es ridículamente segura para nuestro cerebro, a quien únicamente le interesa que lleguemos con vida al momento de irnos a dormir.

—Oye, no te distraigas, estabas hablando de los problemas.

¡Sí, claro! Retomemos. Decía que un problema irrumpe en nuestra vida y nos saca de un empujón de esa comodidad diciéndonos: "¿Y ahora? ¿Qué hacemos?". Nuestro cuerpo se eriza como un esclavo sumiso y resignado con las emociones que nos ponen en alerta. Peligro inminente, latidos acelerados, sudoración fría, respiración agitada, torbellino de pensamientos oscuros, miedo que nos hace sentir pequeñas como una hormiga.

—¡Urgente, rápido! —grita algo dentro de ti para que huyas de ese lugar en el que te ha colocado el problema.

Entonces, *sin pensarlo*, das una respuesta muy parecida a la que damos la gran mayoría de los mortales. Sí, es parecida en la forma, en el *desde dónde* respondemos.

Los problemas podrán ser diferentes, diversos, complejos, profundos, dolorosos o difíciles de resolver, pero el *desde dónde* se reduce a tres formas, ya sea aquí en Latinoamérica, en Australia, en la India o en Rusia, en este año como en el 1700 o el 100 a. C.

¡Sí, sé que estás intrigada! Tranquila, ahora te cuento un poco más.

Esas tres formas desde las que damos respuesta a la adversidad las conforman tres arquetipos que llamaremos *víctima, salvador y verdugo*.

¿Qué es un arquetipo?

Un arquetipo es un modelo de personalidad. Es una construcción social que nos mantiene como objetos frente a la vida, presas de respuestas automáticas inconscientes que hemos internalizado a lo largo de nuestro crecimiento.

¿Qué responde en nosotras?

La víctima no se hace responsable de su realidad. Todos los problemas que padece encuentran culpables en otra persona o en otra situación. Inconscientemente, la víctima asume ser objeto del otro.

¿Cómo reconocerla?

* Soy víctima cuando culpo a los contextos económicos por mi falta de abundancia o prosperidad.

* Soy víctima cuando culpo a mi pareja por mi infelicidad.

* Soy víctima cuando culpo a mis padres por no haber recibido amor.

* Soy víctima cuando culpo al malestar físico y/o mental que me limita.

Mientras te encuentres ubicada en este lugar no habrá respuesta saludable, porque la víctima no tiene posibilidad de crear y queda presa e inmóvil en su propia jaula.

La víctima no sabe usar el problema como desafío, como oportunidad. Siempre dirá que no puede y para justificar las razones de su no poder ¡es experta!

La víctima mantiene en deuda al otro. Busca hacerle pagar lo que en realidad crea ella misma

Por ello, desde la víctima jamás podrás hacer magia, porque la magia es para las virtuosas, y ser virtuosa es asumirte responsable al hacerte cargo de tu realidad.

El segundo arquetipo es la salvadora, ¿cómo la imaginan?

La salvadora asume que existe una víctima y que solo ella es la que sabe y tiene el poder de rescatarla. Pero, en realidad, la salvadora está diciendo "tú no puedes, no vales, por eso lo tengo que hacer por ti. No tienes fuerza suficiente para resolverlo, yo sí la tengo".

¿Cuántas veces hemos pretendido *salvar* en nombre del amor cuando, en verdad y de manera inconsciente, buscamos alimentar nuestro ego?

La salvadora sufre por el porvenir de la víctima y desde ese sufrimiento tratará de imponer su verdad, intentará a toda costa *indicar* lo que la víctima tiene que hacer.

"Yo lo haré por ti, tranquila, yo me encargo, yo sé, yo soy tu salvadora", presumirá, sacando pecho y mirando desde arriba, emulando una falsa divinidad. De esta manera, la salvadora te deja en deuda: "Recuerda que soy tu salvadora, por tanto, tú me debes" (dinero, felicidad, tiempo, amor, etc.).

Pero, por supuesto, la víctima no quiere dejar de ser víctima, y por ello, la salvadora jamás verá satisfecho su rescate. Será traicionada sistemáticamente, agotándose. Una tarea titánica y estéril para quien encarne este arquetipo.

¿Y el verdugo? ¿Qué hará?

El verdugo es el que ataca todo lo que cree que es incorrecto. Si te considero incorrecta, te ataco. Si eres diferente y eso molesta o da miedo, te ataco. El verdugo es presa de la ira que siente por el comportamiento del otro. El verdugo ataca primero porque, en verdad, siente miedo de ser atacado. Se adelanta y se jacta de su poder. Les cuento un secreto: el verdugo es una víctima disfrazada.

Observen detenidamente y se encontrarán todo el tiempo con estos arquetipos en personas amadas, en amigos, en el trabajo, incluso en ustedes mismas. Cuando vean alguna película o lean una novela, encontrarán siempre un verdugo, una víctima y un salvador.

Es muy importante poder reconocer estos tres arquetipos, porque si no lo hacemos, jamás seremos conscientes, libres y creadoras de nuestra realidad.

Entonces, ¿cómo respondemos frente a los problemas que vivimos?

Puede que tengamos estos tres arquetipos activos en nosotras, pero, en general, tenemos alguno con el que más nos identificamos. Si nos atrevemos a observarnos, descubriremos, no sin asombro, cuán encarnados están en nuestras respuestas automáticas la *víctima*, la *salvadora*, la *verdugo*.

¿Los reconoces? No te asustes, *ver* suele dar miedo. Te invito a realizar el ejercicio de la **página 293**.

CAPÍTULO 10

La Esfinge

—Esfinge, ¿quién eres? **Dicen que eres una maestra silenciosa pero categórica; que llegas para cuidarme y que tienes la magia para aparecer de mil maneras.** Solía burlarme groseramente de quienes hablaban maravillas de ti, considerándolas personas ridículas y fantasiosas. ¡Qué paradójica es la vida! Estoy frente a ti, muerta de miedo sin saber qué hacer.

Presente en los mitos, en la historia, en los cuentos, en la magia. ¿Cómo entender la presencia de la Esfinge? ¿Cómo reconocerla? Simple, cada vez que estés frente a un *obstáculo*, estás frente a una Esfinge. El obstáculo entonces es el maestro que te trae la oportunidad de pulirte, de quitar el polvillo que opaca tu brillo. ¿Para qué? Para que llegues donde deseas llegar, para que cuides tu deseo, tu propósito, para que no te distraigas. El obstáculo se presenta para poner luz a tu falla, para que veas tu falla y te hagas cargo de ella. Porque todas y cada una de las fallas que portas te alejan de tu sueño. Entonces el obstáculo, encarnado en la Esfinge, es el mágico personaje que, gracias a su fuerza, a su poder, a su autoridad, te detiene y te indica lo que es necesario trascender para que llegues a tu meta modificada, transformada, evolucionada, consciente, valiosa, libre y poderosa.

Solo cuando asumes tu falla, tus costados más sombríos, solo cuando escuchas realmente a tu Esfinge, es cuando el camino se abre y se ilumina.

—Esfinge, ¿qué quieres de mí para permitirme pasar y continuar con mi camino?

Te miro, temblando de miedo, ensayando mil respuestas en mi mente frente a tus acertijos indescifrables.

Te miro, atónita y me siento nuevamente como esa niña aterrada en su primer día de clases en jardín de infantes.

Te miro, en medio de un silencio ensordecedor mientras tu fuerza y prudencia atraviesan mi ser.

Te miro, inmensa y conocedora de todas las respuestas mientras el reloj sabotea las mediocres ideas que me avergüenzan.

—Esfinge, por favor, déjame pasar, necesito continuar por mi camino, ¿por qué lo haces tan difícil?

No me miras, no me hablas, no me ayudas. Pienso y busco mil maneras de acercarme, pero nada te conforma. Sigues impávida, inmutable. Necesito una pista, por favor.

Tic tac

Tic tac

Estoy cansada, sedienta y no duermo hace muchas noches. Estás todo el tiempo esperando algo de mí, pero no sé qué es.

Tic tac

Tic tac

Ciertamente eres maestra, nada te distrae, sigues frente a mí esperando que te *diga* eso que *no sé decir*. Sigues allí, confiando en mí mucho más de lo que yo misma creo.

Estoy a punto de dar la vuelta y regresar a lo viejo.

Estoy a punto de sentarme a esperar hasta que te distraigas. Entonces aprovecharé y pasaré corriendo.

También pienso que este camino que comencé a desear no es para mí. ¿Quién me obliga a aventurarme en nuevos desafíos?

¿A quién puedo culpar por estar metida en semejante callejón? ¿A mis padres, a mi pareja, a mis amigas?

Sí, lo sé. No me servirá de nada *esperar* o *justificarme* o *buscar un culpable.*

Respiro profundo, me pongo de pie, *te miro, me miro.* Dejo de pensar con la mente, y siento.

Tic tac

Tic tac

Siento, siento.

Tic tac

Tic tac

Maestra, protectora.

Tic tac

Tic tac

Siento en mi interior, murmuro... Eres la limitación en forma de obstáculo. Cada vez que decido dar un paso hacia adelante, llegas para probar la fuerza de mi deseo.

Estás aquí para que llegue a mi meta *modificada, transformada,* pero eso solo es posible cuando asumo que frente a lo desconocido tengo que construir programas nuevos.

¡Bingo! Todo este tiempo lo he sabido, *la no respuesta es la respuesta.*

"Suelto lo sabido hasta ahora, para llegar a lo nuevo".

Lo grito a los cuatro vientos, "suelto lo sabido hasta ahora, para llegar a lo nuevo". Lo repito mil veces y salto de alegría porque *ya sé que esta es la respuesta.*

Inmensa, justa y en silencio me dejas pasar. (Les cuento un secreto: mientras caminaba rebosante de felicidad, me guiñó un ojo).

Te invito a encontrarte con tu propia Esfinge
en la **página 294**.

CAPÍTULO 11

Carencia

Suena el celular y el tono personalizado le avisa a Amelia que su hija Luz la está llamando.

—Hola hija, ¿cómo estás?

No escuchamos qué le está diciendo Luz, pero por la expresión risueña y sus ojos luminosos podemos advertir que hablan de algo bonito.

—¡Me encanta la idea! Termino de preparar la cena y paso a buscarte.

Amelia, 43 años, fotógrafa profesional, fue mamá de Luz con apenas 19 años. Ciertamente no fue fácil ya que transitó su embarazo un poco acompañada por el padre de Luz, pero otro poco en soledad y con miedos.

Hoy, sábado a la tarde y en absoluta complicidad, salen de paseo madre e hija, ambas adultas, y se regalan tiempo y charlas.

Ah, sí, sí, ¿quieres saber cuál era el plan? Gracias por hacerme volver al punto; es que **cuando relato historias vuelo para descubrir los matices menos visibles de las relaciones y, la verdad, es que eso me fascina.**

El plan era visitar negocios de prendas de vestir *vintage*, una actividad amena que ambas comparten.

Luz es amante de las plantas y Amelia ama fotografiar a la naturaleza. Ambas se entienden con solo mirarse. Probarse ropa diferente es una de las salidas que más las divierte: posan, modelan y juegan a ser distintos personajes. Amelia captura con su cámara cada uno de esos momentos mágicos. El objetivo no es salir a comprar, sino que solo salen a jugar y, si algo las enamora o vibra en absoluta sincronicidad, lo adquieren.

En la vida de Amelia, durante la mayor parte del tiempo desde la llegada de Luz al mundo, el dinero siempre fue escaso. Ella trabajaba, estudiaba y criaba a su pequeña como podía, en pura soledad. El padre de Luz la vio nacer y, aunque compró un chupete y algunos pocos pañales, no hubo más.

A medida que Luz fue creciendo, comenzó a *pedir*.

—Mamá, ¿me compras los patines?

"¿Cuánto salen?" preguntaba su mamá, sabiendo que no podía obtenerlos. Por ello, con un dolor enorme, intentaba hacer de la palabra *no* una vibración lo menos frustrante posible. El *no* era tan pero tan amoroso y repleto de ornamentos, que ambas se conformaban. Se tomaban de la mano y continuaban caminando en silencio para que no se notara demasiado la pena que cada una llevaba consigo.

Con los años, era la propia Luz la que preguntaba: "¿Cuánto cuesta?". La diferencia es que, en esos tiempos, era ella misma quien maquillaba el *no*. Por las noches, se desvelaba pensando, fantaseando y haciendo mil planes para cuando el *no* pudiera ser un *sí*.

Fueron largos años en que las salidas de ambas eran exclusivamente durante los días de ofertas, cuando lo que compraban era lo más barato, cuando no miraban lo que les gustaba, sino lo que necesitaban. **Por muchos años vivieron en un contexto donde la pregunta por el *costo* estaba en todas las áreas de sus vidas.**

¿Cuánto cuesta el alquiler?

¿Cuánto cuesta el curso de fotografía?

¿Cuánto cuesta la consulta médica?

¿Cuánto cuesta la compra semanal del mercado?

¿Cuánto cuesta un nuevo pantalón?

¿Cuánto cuesta esto y aquello?

Costar. Costo. Carencia.

Pero, un buen día, ambas de paseo también, pasaron por una callecita de la ciudad en la que un cartel muy luminoso las sedujo y, sin pensarlo demasiado, ingresaron a un salón. Allí había una exposición de diosas ancestrales hechas en barro por artistas independientes y para nada famosos, pero sí muy exitosos.

La fascinación, la admiración, la emoción anticipaba una revelación. El silencio esta vez no era para ocultar la pena, sino para expandir el gozo. Y casi al unísono, frente a una de las obras, la diosa Afrodita, preguntaron *¿Cuánto vale?*

Se miraron madre e hija, sorprendidas y emocionadas, descubriéndose en un lugar significativamente diferente. **Valor no es lo mismo que costo.**

Salieron del salón siendo tres, Amelia, Luz y Afrodita. Sin costo y con mucho *valor*.

Desde entonces, descubrieron que sus vidas estaban repletas de *costos*, de *carencias* y de falta de *valor*. Fue así como transformaron la eterna pregunta ¿cuánto (me) *cuesta?* en ¿cuánto (me) *vale?*

Y aquí están ahora, sábado por la tarde, jugando a vestirse con prendas diferentes. Luz modela, Amelia le saca fotos. De repente, un nuevo silencio en ambas, brillo en los ojos, un sombrero de la década del cincuenta, y sí, ya saben la pregunta que se avecina: "¿Cuánto vale?".

Nos han enseñado, como en la historia de Amelia y Luz, a observar el costo y no el valor. Cuanto más nos enfocamos en el costo, más costo hay en nuestra vida. De este modo vamos configurando nuestra economía. ¿Qué es la economía? El equilibrio entre lo que algo cuesta y algo vale. Cuando aprendemos a mirar solo el costo de las cosas o de las relaciones, estamos dejando de ver el valor que tienen.

Y, ¿qué es el valor? El valor lo da la diferencia. Es el ojo de la diferencia. **Cuando vives desde el valor, entiendes que tienes un valor diferencial del resto de las personas y que todo tiene un valor distintivo.** Si eres cantante y la música es tu valor diferencial, comprendes también que a partir del valor reconocido puedes elegir cuánto va a costar tu música. Pero si vives desde el costo y la carencia, sin tener reconocido lo que vales, jamás podrás saber lo que vas a costar.

Cuando el valor transforma el intercambio, comienzas a entender el sentido del pago. Estás abierta a recibir, porque entiendes que tienes un valor y, por ende, mereces ser ofrendada. Y estás abierta a dar porque entiendes que hay un valor en el otro que merece ser ofrendado. Este es el hermoso flujo del valor creciente. No solo crecerá tu economía, sino que cada vez experimentarás más y más abundancia en diferentes órdenes de tu vida: paz, tiempo, gozo, ocio, vínculos fluidos y libres.

La carencia cede frente al valor, porque valor también es ser valiente. Estarás dispuesta a dirigirte cien por ciento hacia lo que quieres. La carencia se queda sin fundamentos frente a un valor que invita a consolidar tus méritos.

Te darás cuenta, lentamente o quizás rápidamente, no lo sé. Pero de lo que sí estoy segura es de que, a partir de estas palabras, cada vez que te descubras preguntando *¿Cuánto cuesta?*, pensarás: *¿Me cuesta o me vale?*

En la **página 294** te ofrendo un ejercicio muy *valioso*.

CAPÍTULO 12

Queja: decálogo para permanecer en ella

—Te has equivocado, habrás querido decir "Decálogo para salir de la queja".

Estoy bien segura, no me he equivocado.

Te invito a crear un contexto especial para este capítulo, que es en sí mismo un ritual de reconocimiento y valentía. Te propongo que lo leas en voz alta y en absoluta intimidad frente a un espejo. Observa, siente, escucha, huele. ¿Qué efectos se van desplegando en tu piel, tu mirada, tu corazón, tus pensamientos, tus recuerdos? Simplemente *obsérvate*.

1. Quéjate de todos los males que existen. No es posible mejorar en un mundo tan complejo.
2. Levántate todos los días pensando en lo que tienes que hacer sin ganas ni deseo.
3. Critica a quien se anime a transitar por caminos nuevos e inciertos y burlonamente afirma que lo más probable es que fracase o pierda su tiempo.
4. Refuerza todas las debilidades que reconoces en ti.
5. Recuerda todas las veces que has fracasado en tu vida y afirma que la vida está en tu contra.

6. Responsabiliza a los demás por tu infelicidad y frustración.
7. No hagas nada nuevo. Mantén una rutina aburrida y obsoleta.
8. Afirma que uno de tus problemas es que no tienes suerte.
9. Busca desesperadamente a quien se disponga a *salvarte*, a quien lo haga por ti.
10. No te sorprendas, no te arriesgues, no juegues, no sueñes, no te motives, no imites a las valientes, no cambies.

¿Sigues pensando que me equivoqué?

Miedos

En una lejana isla en el cálido Caribe, hace muchos años, vivían tres amigas. Antonia, que era la más silenciosa de las tres, pasaba los días y las noches dentro de su casa a la que mantenía en un perfecto, sistemático y repetido orden. Era el único lugar que la hacía sentir tranquila, de a ratos. Delgada por demás, su cabello oscuro siempre recogido y sus ropas negras desgastadas dejaban entrever la *angustia* presente en sus días.

Carmen, la segunda de las amigas, vivía a unos pocos kilómetros de Antonia. Tímida, insegura y risueña, nunca decía lo que en verdad pensaba: evitaba toda clase de conflicto y con el propósito de no confrontar o discutir, siempre estaba dispuesta a ceder en sus deseos. Se había acostumbrado tanto a esa forma de comportamiento que su bienestar —aparente bienestar— estaba ligado a la aprobación de sus dos amigas. Tenía un hermoso jardín en el que pasaba la mayor parte del día. Era una experta conocedora de plantas con las que se conectaba de manera sincera y silenciosa; esa era la razón por la que pasaba tanto tiempo con ellas. Cuando la quietud la abrumaba solía confesarles, por lo bajo, que se avergonzaba de ser tan *cobarde* por no animarse a valorar sus pensamientos.

Viviana, la tercera de ellas y la más joven, era una muchacha intrépida, revoltosa y desafiante. Vivía en una casita simple y rústica en el médano más alto de la playa. El paisaje era lo más hermoso que disfrutaba de su hogar. Desde allí observaba el infinito y el turquesa y calmo océano. Se levantaba muy temprano todas las mañanas, siempre apurada, descalza y, con su largo cabello rojizo al viento, corría desnuda hacia el mar. En un acto ritual abría sus brazos, levantaba la mirada al cielo y se mezclaba con los peces en un juego de cuerpos libres y atrevidos. **Les contaba a las olas todo tipo de aventuras imaginarias que la llevaban a recorrer el mundo, descubrir la nieve, ciudades, conocer hombres, niños y otras mujeres.** Cada día era una historia nueva, y las olas y los peces no faltaban a la cita. Amaba descubrir algo nuevo todos los días y, en esas aventuras cotidianas donde no había lugar para el miedo, transitaba situaciones muchas veces extremas. Las cicatrices en su cuerpo eran testigos de su arrojo. Su imaginación era tan florida que sus amigas la llamaban *súper heroína*.

Antonia, Carmen y Viviana, que eran las únicas personas que habitaban la paradisíaca isla de Coco en Costa Rica, tenían el ritual de encontrarse los días de luna llena de cada mes. Esos días especiales implicaban una ceremonia donde la anfitriona de turno preparaba la mesa con mucha dedicación para agasajar a sus amigas. Por supuesto, cada una de ellas lo hacía fiel a su estilo.

Estos encuentros simbolizaban para ellas un momento exquisito, maravilloso y sagrado. Antonia, aunque era rígida y sensible, generalmente se emocionaba y lloraba bastante al contar los problemas que había tenido en ese mes. Carmen comía, sonreía y se sonrojaba; era la más callada, por supuesto, por temor a equivocarse y ser desaprobada. Y Viviana, qué decir, hablaba casi sin parar, despeinada, alborotada y, cuando no aparecía refunfuñando, llevaba un vendaje en alguna parte de su cuerpo.

Diferentes y diversas, se amaban y acompañaban.

Una luna llena ocurrió algo inesperado. Estaban celebrando en casa de Viviana, en lo alto del médano, cuando escucharon gritos de auxilio. Las tres mujeres hicieron un silencio sepulcral al unísono. Antonia frunció el entrecejo y Carmen miró desesperada a sus amigas, pero a Viviana se le iluminó la mirada y, dando un salto digno de equilibrista, salió corriendo a la playa de donde provenían los gritos.

Al cabo de unos minutos, Antonia regresó acompañada de una mujer que estaba mojada, hambrienta y muy asustada.

—Amigas, rápido, traigan unas mantas y algo caliente para que beba.

—¿Quién será? ¿De dónde viene? —pensaba Antonia en silencio.

De a poco, regresó la calma.

—¿Te sientes mejor? —preguntó Viviana.

—Sí, estoy mejor. Muchas gracias. Me llamo Mía. Estaba navegando en una precaria balsa que construí durante meses luego de que mi compañero falleciera. No sé cuánto tiempo estuve en el mar, supongo que bastante. Ya no tenía más fuerzas, hasta que, imprevistamente, oí el ruido de las olas estallando en la orilla.

Hablaron durante toda la noche. Mía, aunque agotada, estaba feliz de haber encontrado a otras personas. Viviana no cesaba de acotar, fascinada por la historia de Mía. Antonia preparaba más comida y Carmen, silenciosa, mordía sus uñas mientras escuchaba la conversación.

Más tarde esa noche, cayeron rendidas bajo la protección de la luna inmensa y poderosa. Silencio, noche, estrellas, sorpresas, ciclos. **La luna dio paso al sol, vigoroso y decidido a iniciar un nuevo día.**

Esta vez, no hubo rutina ni hábitos. Esta vez, amanecieron las tres amigas junto a una mujer misteriosa que el mar había elegido para regalarles.

Fueron pasando lunas y soles. Sin prisa y sin pausa, las tres amigas ayudaron a Mía a construir su lugar. Estaban felices las cuatro. Un nuevo ciclo había comenzado aquella noche con una gran luna como testigo.

Ya no se reunían exclusivamente en cada luna llena. Lo hacían cada vez que sentían deseos de hacerlo. Ese fue el sello que aportó Mía atreviéndose a romper el esquema. No sin resistencia, por supuesto, Antonia fue la primera en oponerse, aunque luego tuvo que ceder, a regañadientes.

Una noche calma, cálida y mágica, frente a un fuego hermoso que iluminaba la espuma del mar, conformó el escenario perfecto para que las palabras se animaran a cobrar forma.

Y como sucede cada vez que la magia está presente, los acontecimientos no son lógicos, pero sí simbólicos.

Carmen dijo por primera vez que el miedo a no ser querida ni aceptada la había convertido en una persona cobarde y distante de sus deseos.

—Bueno —dijo Antonia luego de quedar atónita al escuchar a Carmen— parece que esta noche trae un nuevo ciclo. Quiero contarles que la mayor parte del tiempo siento mucha tristeza y la rutina diaria me ayuda a controlar todo, pero estoy muy cansada.

Viviana, lejos de hablar e interrumpir, esta vez permaneció en silencio. Luego de unos minutos, confesó:

—Me jacto de ser valiente porque no le temo a nada, y me lo demuestro en cada cosa arriesgada que elijo hacer. Pero, en realidad, hago todo eso porque pienso mucho en la muerte y siento enloquecer. Tomar riesgos me hace sentir la adrenalina de la vida y así creo engañar a la muerte.

Silencio y más silencio.

El fuego, como una abuela sabia, parecía comprender de qué se trataba la conversación. Entonces decidió crecer y danzar frente a las mujeres.

Las cuatro entendieron que estaban acompañadas por los elementos más nobles: fuego, agua, aire, tierra. Se sintieron seguras y sostenidas para meterse aún más adentro de sí mismas aun sabiendo que atreverse a *ver* podía ser muy doloroso, pero con la certeza de que sería liberador.

Estaban sostenidas por la tierra, madre generosa, por el agua que invita a fluir y mezclarse, por el aire fresco y sutil que da lugar a la individualidad y por el fuego que transforma.

Llegó el turno de Mía. Levantó la mirada, respiró profundo, y dijo:

—Cuando quedé sola en aquella isla donde vivía, me invadió la angustia y solo quería morirme junto a mi compañero. Me escondí, me metí dentro de mi dolor durante mucho tiempo. Luego, me sentí una gran cobarde por no atreverme a hacer nada para seguir adelante. No tenía fuerzas y estaba aterrada. Pero, de repente, me volví impulsiva, porque parecía que lo peor ya había pasado y creía que no le temía a nada. Fue entonces cuando comencé a preparar mi balsa. Nunca en mi vida había tenido tanta fuerza y actitud.

—Sin embargo, cuando estaba en medio del océano, navegando sin parar, sucedió algo. La luna estaba amarilla, el mar planchado, y el silencio era aterrador. El miedo se presentó en forma de humo blanco y me dijo: "¿Creíste que había desaparecido de tu vida?". Era tan real que comencé a pensar que me había muerto y que estaba en alguna de las etapas de la muerte. Pero preferí seguir escuchando, muerta o viva no desaprovecharía por nada una charla con el miedo. Y él me dijo:

—Cuando comprendas que estaré siempre en tu vida, en un perfecto equilibrio para cuidarte, **cuando entiendas que tener algo de mí en ti está más que bien, pero que mucho de mí en ti no está tan bien; cuando asimiles que pelear contra mí te va a desgastar, y avergonzarte te hará débil, recién entonces podrás reconocer con humildad que tienes miedo,** que lo sientes frente a tus enemigos externos e internos, frente a tus debilidades, pero también frente a tus fortalezas. Entonces asumirás que puedes fracasar y morir en el intento. Y en ese instante, me soltarás, sabiendo que estaré, pero ya no para limitarte sino para impulsarte.

—Una ola me trajo de vuelta al aquí y ahora. Escuché, a lo lejos, el hermoso sonido del encuentro del mar con la tierra, y llena de miedo y emoción empecé a remar con todas mis fuerzas. ¡Así las encontré a ustedes tres!

A partir de ese día, Antonia comenzó a soltarse el cabello y a bañarse mucho más en el mar. Carmen, tímida y delicada, comenzó a decir y elegir. Viviana, la inquieta, fue más prudente en sus aventuras. Y Mía creó una nueva balsa y siguió su camino.

Te invito a la **página 295** para que, en una fogata mágica, te encuentres con el *miedo*.

CAPÍTULO 14

Cansancio

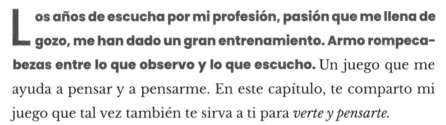

Los años de escucha por mi profesión, pasión que me llena de gozo, me han dado un gran entrenamiento. **Armo rompecabezas entre lo que observo y lo que escucho.** Un juego que me ayuda a pensar y a pensarme. En este capítulo, te comparto mi juego que tal vez también te sirva a ti para *verte y pensarte*.

Les cuento una anécdota.

Una tarde de invierno llegué casi helada a una consulta médica. Me quedé parada, recostada sobre una de las paredes del consultorio porque ya se habían ocupado todas las sillas disponibles.

Había mucha gente, casi todas mujeres. En ese momento, comencé a observarlas. Es una costumbre que tengo desde muy pequeña. Cuando lo hago, creo las historias más disparatadas que puedan imaginarse. Miro con mucha delicadeza para que nadie se ofenda. Rostros, cabellos, miradas, manos, vestidos. La espera se torna entretenida y cuando algo me sorprende, saco de mi bolso una pequeña libreta para escribirlo todo antes de que el viento mental me robe las ideas.

Como buena observadora, también lo hago con los oídos. Tengo una manera de escuchar diferente.

—¿Escuchar diferente? ¿Qué es eso?

Les explico: me gusta escuchar *lo no dicho en lo dicho*. Cuando hablamos, decimos palabras, transmitimos ideas y pensamientos, les ponemos voz y tono, acompañamos con el cuerpo y también con el silencio. De hecho, siempre queda algo escondido, latente. Eso no dicho es lo que más me cautiva. **Lo no dicho con palabras se dice de otras maneras.**

Volvamos a la sala de espera.

A mi derecha, una mujer muy delgada de treinta años aproximadamente, vistiendo ropa deportiva. Inquieta, con gafas de sol puestas y una mochila con raqueta de tenis al hombro. A su lado, otra mujer, de alrededor de cincuenta años, voluptuosa; su pelo recogido dejaba ver el crecimiento de sus raíces blancas. Sus manos agrietadas y su calzado desgastado delataban el sacrificio que hacía a diario. En un momento, le preguntó a la joven:

—¿Das clases de tenis?

—No —riendo—, pero sí tomo clases, ¿luzco como una profesora?

—¡Sí, totalmente! ¡Tienes el estilo! A mí me encantaría, pero la verdad es que tengo tantos dolores en las piernas que no podría hacerlo jamás. Por eso he venido a una consulta médica, porque mi cuerpo ya no resiste. Lo que sucede es que trabajo de pie durante muchas horas. Es un trabajo que no me gusta nada, pero al menos me alcanza para mantener lo básico de mi hogar. Tengo tres hijos y lo necesito...

*Yo escucho, debajo de estas palabras, **desequilibrio entre dar y recibir. Da de sí misma mucho tiempo y esfuerzo para solo recibir algo necesario pero carente de otros valores no necesarios, pero sí importantes para sentir placer y satisfacción.***

La "tenista" se dispuso a escucharla con atención, algo en sus palabras la cautivó.

—Cuando llego a casa, despido a la niñera y enseguida se acercan a mí mis tres hijos juntos con todas sus demandas y reclamos. Mi presión sube y comienzo a gritarles.

Yo escucho exigencia e imposibilidad de regular las emociones.

—Después de regañarlos un buen rato y de preparar la cena, recién tengo algo de calma, pero poca y por un breve momento, nada más. Me siento a mirar mi teléfono móvil, pero nada me interesa. Enciendo el televisor, pero me aburro. Decido acostarme, porque al otro día comienza todo de nuevo. ¡Qué pesadilla!

Yo escucho ausencia de motivación.

—Detesto ir a dormir. Caigo rendida. Parece que me duermo al instante y, de repente, mis ojos rojos por el cansancio están más abiertos que nunca. No puedo dormir, pero tampoco levantarme porque estoy rendida. Es un callejón sin salida.

Yo escucho los problemas que desfilan de a miles no le dan tregua a la mente que se siente obligada a seguir estando en estado de alerta.

—De ese modo me levanto a la mañana siguiente. Imagínate en qué estado, atontada. Bebo un café, salgo casi volando de mi hogar y me olvido la mitad de las cosas. Aún no ha terminado de salir el sol y ya estoy agotada.

Yo escucho saturación, automatismo, displacer, desborde, desorden, obligaciones.

Una voz amorosa interrumpió la conversación y mi juego.

—Elena, pasa, la doctora te espera.

—Ah, sí, ya voy. Bueno, ¡me gustó la charla!

Se levantó con alguna dificultad y quejidos de dolor. Elena entró al consultorio, "la tenista" se reacomodó en la silla y yo tomé mi pequeña libreta del bolso.

Las palabras van dando forma a lo *no dicho*, acompaño con garabatos, me dejo llevar por el ritmo de mi mano hábil, la izquierda.

Frases con emociones. ¿Quién no se ha sentido como Elena alguna vez en su vida? El cansancio está presente y nos arrastra muchas veces al filo del precipicio. **De repente nos vemos paradas frente al abismo en lo alto de una montaña imaginaria haciendo fuerza para no abrir los ojos, porque de hacerlo, lo que vemos es el vacío aterrador.** El cansancio, ese tirano perseverante que nos encierra en la jaula de la queja eterna. Como dijo el gran poeta uruguayo Juan Zorrilla de San Martín, "nada pesa tanto como el corazón cuando está cansado". Pero —silencio— les cuento en voz baja (para que el cansancio no escuche o cambie de estrategia y logre devorarnos una vez más) que cuando logras ponerle palabras y sentido a lo que navega en silencio por debajo del agotamiento, encuentras la llave para abrir la jaula y así asumir tu libertad.

Te invito a la **página 296** para que juguemos a encontrar lo que se oculta detrás del cansancio. ¿Te animas?

CAPÍTULO 15

Pensamientos invasores

—**S**ilencio, no hables, parece que ELLOS ya se fueron.

—Si nos quedamos aquí escondidas, ¿tú crees que no volverán?

—No lo sé. Durmamos hasta que salga nuevamente el sol y veremos cómo seguir.

Juana, hermana mayor, y Mer, la más pequeña de la familia, se abrazaron bajo la luz de la luna en una ciudad tenebrosa y, después de mucho esfuerzo para escapar de ELLOS, se quedaron completamente dormidas.

Imagino que te interesa mucho saber quiénes son ELLOS. Sin embargo, estoy segura de que los conoces muy bien y, posiblemente, también hayas intentado escapar como Juana y Mer.

Las hermanas deambulan en una ciudad desolada, vacía y triste. Son unas de las pocas mujeres que han sobrevivido, hasta el momento, al ataque feroz de ELLOS en el mundo.

Hay muchísimos ELLOS, pero en este capítulo solo te presentaré a los que persiguen a estas hermanas.

Aunque ELLOS son monstruos ovalados de color púrpura, sus cuerpos tienen la capacidad de cambiar de forma para adaptarse a su entorno en función de sus objetivos. Se aplanan, se inflan, se ablandan, se endurecen, se alargan, se encogen. Saben volar, correr y nadar. Sus sentidos están sumamente evolucionados. Pueden ver hasta una distancia de dos mil metros a la redonda; pueden oír hasta cien millas; pueden comunicarse de manera telepática entre sus semejantes.

Cuentan con una habilidad muy temida por los seres humanos. Pero ¿cuál es?

Cuando están frente a su presa, activan un fluido embriagador que provoca una particular pasividad en la persona a la que atacan, dejándola en un estado de inconsciencia para poder introducirse en su mente, desde donde dirigirán su vida. Una vez instalados allí, el efecto embriagador se evapora y esa persona ya no será la misma. Pero lo peor no es eso, sino que esa persona no sabe que en su mente hay un intruso que maneja los hilos de su vida.

ELLOS forman un equipo muy poderoso. Están muy organizados y son eficientes. A Juana y Mer las persiguen dos ELLOS muy astutos: el *no* y el *control*, respectivamente.

El *no* persigue a Juana:

NO PUEDES

NO SABES

NO MERECES

NO VALES

El control persigue a Mer:

CONTROLA para no errar.

CONTROLA para no tener miedo.

CONTROLA para garantizar que no te mientan.

CONTROLA que todo esté en orden.

Parece bastante difícil escaparse de ELLOS, y también agotador, pero ¿sabes una cosa? Hay una manera mágica para no ser cazada por ELLOS.

—¿Cuál es? ¡Tengo muchos ELLOS persiguiéndome!

Entiendo tu apuro, te prometo que te contaré y regalaré ese secreto. No ahora porque puede ser que un ELLO dentro de ti quiera saber ese secreto mágico para destruirlo y así seguir expandiendo su poder sobre ti.

Entonces, lo que vamos a hacer juntas es ir a la **página 297** para descubrir, en primer lugar, a los ELLOS que andan merodeando por ahí.

CAPÍTULO 16

Control

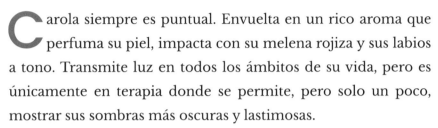

Carola siempre es puntual. Envuelta en un rico aroma que perfuma su piel, impacta con su melena rojiza y sus labios a tono. Transmite luz en todos los ámbitos de su vida, pero es únicamente en terapia donde se permite, pero solo un poco, mostrar sus sombras más oscuras y lastimosas.

Se desploma en el sillón que, estratégicamente, diseñé en forma de nido y se envuelve en una manta suave y perfumada.

Cuando se trata de atreverse a hablar de lo que durante años se ha silenciado, es imprescindible generar un contexto que le proponga a los sentidos un juego apacible y amoroso. Aroma a flores vivas y silvestres, música delicada y pacífica, una bebida caliente y espumante, luz cálida y tenue, mantas aterciopeladas, mi escucha paciente y mi palabra certera configuran el escenario que recibe a Carola y a cada paciente que llega buscándose.

—Esta semana fue fatal, estoy agotada —comienza Carola—. Siento mi cabeza implosionar, llevando todo lo que hago a una zona de padecimiento que se reitera sin pausa. Repito como un mantra la lista de deberes y obligaciones que cargo; es muy larga e inacabable. Me angustia no poder parar: mis hijos, mi expareja, la casa, las deudas, mis padres demandantes, el trabajo cada día más tenso. Me hago cargo de todo, siempre. Soy la última que se acuesta y la primera que se levanta, y encima siento que tengo que estar divina, con una sonrisa fresca y feliz.

Luego de un largo silencio, mis palabras la invitan a interpelarse.

—¿A qué le tienes tanto miedo?

Carola pierde la mirada en pasajes de su historia y la angustia recorre su cuerpo que parece aflojarse a pesar del dolor. Se aferra a la manta como una niña a las piernas de su padre cuando siente miedo.

—Es que si no controlo todo lo que rodea mi vida —dice entre sollozos— me invade una espantosa sensación de desamparo e incompletitud, de que algo malo va a suceder. Siento miedo a no tener certezas o, mejor dicho, garantías; tengo miedo al error, a fallar, a fallarme, a fallarles. Tengo terror al desapego y a la distancia. Si controlo, claramente sé qué les pasa a todos y a cada uno o eso creo al menos. Aunque cuando me escucho hablar me doy cuenta de que por más esfuerzo que haga, lo que pretendo es imposible.

—Carola —le digo con firmeza— **el control es un gran estafador, solo reproduce imposibilidad, agotamiento y más miedo al miedo.** Te convence, te atrapa, te parasita. Te hace creer que es posible tener todo y a todos bajo una dirección rígida.

—Pero —me interrumpe desesperada— no soporto la simple idea de dejar todo al libre albedrío, no soporto la idea de no chequear. Se me hiela la sangre de solo pensarlo.

—Sí —le digo en un tono calmo— a los seres humanos nos resulta bastante difícil llevarnos bien con la incertidumbre, con la frustración cuando nuestras expectativas se desploman, con la imposibilidad de saber qué es lo que va a acontecer. Para esto hemos inventado el control, una herramienta ilusoria que convence a nuestro ego de que tenemos el poder de digitar el afuera para evitar lo peor. ¿Cuál es el costo? Porque todo tiene precio. El costo lo conoces muy bien Carola. ¿Quieres decirme cuál es?

Ya más tranquila, Carola deja a un lado la manta, convenciéndose a sí misma de que está dispuesta a enfrentar sus fantasmas más tenebrosos.

—Por supuesto que tiene un precio y es muy alto. Agotamiento, preocupación constante, tensión mental y física insoportable. Pago un precio carísimo porque controlar me roba tiempo. ¿Sabes las horas que me lleva controlar? Estoy tomando conciencia de que cada vez que digo que no tengo tiempo para mí es justamente porque se me va todo el tiempo vital en controlar. Porque para el control no existe ni la noche ni el feriado ni el fin de semana.

Hace una pausa para tomar aire y también para permitirse tomar conciencia de sus propias palabras, revelaciones necesarias en su proceso de sanación.

—Lo veo claramente: todo el tiempo estoy pensando en la catástrofe que acecha, en los peligros irremediables. Me sale muy caro.

Las revelaciones son como cuevas oscuras que te aterran cuando estás ingresando, pero, al mismo tiempo, desafiantes porque despiertan tus grandes verdades. Verdades que asoman tímidas, lentas y perezosas. Destellos que se desvanecen si no estás atenta. Verdades que la vida misma te ofrenda cada vez que sientes terror al abandono, cada vez que debes tomar decisiones y no crees en ti, cada vez que buscas ser reconocida, cada vez que postergas tus deseos por no sentirte merecedora.

Carola se metió a su cueva y, allí mismo, se encontró.

—Me veo, me encuentro vulnerable, insegura, siento culpa, me apena reconocer cuánto me cuesta disfrutar y fluir. La irritabilidad y la queja son mis apodos. No me gusta lo que veo y descubro de mí.

—Carola, has mirado de frente tu mayor oscuridad, a partir de ahora, no será tan monstruosa.

¿Duele reconocer?

Sí, y mucho, pero reconocernos en nuestras sombras, en nuestros costados más dolorosos, más rígidos y más costosos, nos ofrece la oportunidad de transformarlos en luz.

Estas palabras acompañan a Carola en su revelación y te acompañarán a ti también.

Confía.

Sé y deja ser.

No intentes tener siempre la razón. Hay tantas verdades como personas en el mundo.

Suelta la competencia.

Lo único certero es la muerte.

Juega.

Acepta.

Aventúrate.

Valórate, valóralos, valóralas.

Carola se incorpora con una fuerza arrolladora, se seca las lágrimas con amor, mira la manta y la acaricia agradeciéndole la paciencia, se acomoda su cabellera rojiza y con una mirada cómplice dice:

—Hasta la próxima sesión.

¿Te animas a incorporarte tal como lo hizo Carola?

¿Te animas a cobrar fuerza y enfrentar la sombra que genera el control para transformarlo en luz? Dirígete a la **página 298.**

¡Te espera un acto de magia hermoso!

CAPÍTULO 17

Expectativas

Me acerco lentamente a una tela de araña que capta toda mi atención. Una obra de arte perfectamente diseñada para ser efectiva al momento de cazar a su presa.

Hilos de seda pegajosos se desprenden del abdomen de la paciente tejedora que invertirá tiempo y energía en su gran creación.

Esa tela, frágil y resistente, se encuentra sostenida por las ramas de un ciruelo pequeño. Fue el viento quien me ayudó a descubrirla. Me acerco con respeto y admiración como si me detuviese frente al *Autorretrato con collar de espinas y colibrí* de Frida Kahlo, una obra que invita a aquietar la mente y observar detalle por detalle. La mirada de Frida distante y nostálgica, su cabello custodiado por una pareja de tiernas mariposas, un puma atento la protege sin vacilar asomando sigiloso por el hombro izquierdo, el hemisferio femenino, mientras que un mono aparentemente indefenso, teje el collar que su cuello carga, collar de espinas. Sangra, pero parece anestesiada. Sangra y resiste mientras el colibrí atrapado por el pico se inmola para no dejarla sola.

Mientras me maravillo intentando imitar la danza idílica entre la brisa, las ramas del ciruelo y el tejido de hilos, una inocente y distraída mosca impacta en el centro de la tela. Pelea desesperadamente para soltarse y seguir su vuelo, lucha sin cesar hasta que, poco a poco, va perdiendo fuerzas a medida que asume su destino. Su resignación la deja inmóvil.

Mi impulso salvador quiso rescatarla, pero ¿quién soy yo para manipular las leyes de la sabia naturaleza? Continué observando, calmando mi arrojo equívoco, asumiendo que no era mi partida. Ese juego era entre la araña y la mosca.

En ese preciso instante, llegaron miles de preguntas a borbotones que nos ayudarán a reflexionar sobre un tema fascinante: las expectativas.

¿Qué es la expectativa?

¿Cómo he construido las expectativas en mí? ¿Son mías realmente o son para saciar lo que se espera de mi persona? ¿Qué espero yo de los otros? ¿Por qué me siento con derecho a esperar algo de los demás?

Si rastreo mi historia encuentro miles de expectativas por todos lados que he asumido como verdades para formar parte de un grupo, de una familia, de un trabajo, del colegio, de una sociedad.

¿Cuántas veces he sido la mosca distraída que queda presa de esa perfecta tela de araña que me atrapa y me quita toda posibilidad de continuar mi vuelo?

¿Cuántas veces he sido la araña que ha invertido tiempo y energía tejiendo la tela para atrapar a la mosca y dejarla quieta bajo mi poder?

Somos arañas y moscas al mismo tiempo.

Respondemos a expectativas rígidas de un afuera tortuoso y exigente que sabe muy bien cómo manejar los hilos de nuestra vida, apresándonos y haciéndonos creer que esa es la manera de llegar quién sabe dónde. Y así vamos por la vida, con todo el peso que se puede llevar encima cuando hacemos lo que otros quieren y dejamos de hacer lo que nosotras queremos (eso cuando tenemos la suerte de saberlo, hay quienes nunca han experimentado saber lo que les gusta).

Creamos expectativas que ponemos en las personas que amamos y esperamos que sus decisiones vayan en sintonía con las nuestras. Si no lo hacen nos enojamos, reprochamos, hacemos sentir culpa. Nos sentimos con derecho en nombre del amor a cuestionar: "te lo digo porque te amo", "esto es lo mejor para ti", entre otras frases lapidarias.

Se trata de analizar si en mi vida estoy yo con mis intenciones, propósitos, metas o está llena de otros y vacía de mí.

Cuando somos esclavas de las expectativas no estamos asumiendo la existencia como un mundo inacabable de posibilidades, sino como un mundo rígido donde un exclusivo resultado garantizaría la *felicidad*.

Cuando somos esclavas de las expectativas, matamos la creatividad y nublamos la imaginación.

Cuando somos esclavas de las expectativas, esperamos que algo maravilloso alguna vez suceda y nos olvidamos de vivir el presente en expansión y con pasión.

Cuando somos esclavas de las expectativas, nuestra mente reacciona sin notar que una mente creativa es muchísimo más feliz, libre y plena.

Entonces, cuando te encuentres furiosa, decepcionada, triste, derrotada, frustrada, herida y humillada, atrévete a mirar los hilos pegajosos de las telas de expectativas en las que te encuentres atrapada. Y presta atención porque la mayoría de esas trampas han sido creadas por ti.

Has puesto expectativas en mí.

He crecido creyendo que debía cumplirlas.

Resuenan en mi mente todo el tiempo.

"Si estudiases, me harías muy feliz".

"No dependas nunca de nadie".

"Sé una persona 'de bien', honra el apellido".

"Lo importante en la vida es tener dinero, lucha por eso, no importa que no te guste lo que hagas; mientras te dé dinero, está bien".

"Ni un 7 ni un 8, siempre un 10".

"Sé exitosa".

"Del ridículo no se vuelve, cuidado con lo que haces".

Estamos en condiciones de reconocernos arañas y moscas, de interpelar nuestras miles de telas tejidas a lo largo de nuestra historia, de hacernos cargo y avanzar en nuestros propósitos, liberándonos de la presión que crean las expectativas.

Te invito a que leas el ritual de la **página 299**, una ceremonia bellísima y en absoluta sincronicidad con la maravillosa naturaleza.

CAPÍTULO 18

Mentiroso confort

Suena el despertador. Son las 5 a. m. de una mañana helada, tan blanca que encandila. Lo poco que queda de fuego en la chimenea apenas calienta. Advierto que a pesar de ello mi cuerpo suda. Mi pecho tiene fuego propio.

Mi ritual se repite una vez más. Es un camino tan sabido e internalizado que hasta puedo hacerlo con los ojos cerrados. Le regalo a la llamita sedienta unas hojitas de laurel con aroma a tierra mojada, pongo a calentar la cafetera, preparo una tostada con dulce de frambuesa casero y aparto una manzana bien roja.

A través de la ventana, admiro un paisaje sublime pero conocido hasta el cansancio y comienzo un diálogo en voz tenue con mi compañero de vida: el mentiroso confort.

Te creí cuando afirmabas que:

* Lo mejor era estar quieta
* Lo conocido, aunque me hiciera muy infeliz, no era peligroso
* No valía la pena arriesgarse
* Tenía grandes chances de fracasar si intentaba ir por mis sueños
* No era capaz
* El mundo era peligroso
* No tenía oportunidades
* Mi casa, mis costumbres y mis relaciones eran lo único que necesitaba para estar segura
* No podría regresar si me aventuraba

Te creí, durante todos estos años, te creí.

Lavo mi taza y la seco con amor porque es lo último que me queda por embalar. La compré en la tienda del centro un día lluvioso, hace exactamente un año. Reservé un papel de diario especial para guardarla en mi maleta.

Recuerdo que había salido corriendo de mi trabajo de recepcionista en un hotel. Harta y cansada, aburrida e irritada, durante diez años había estado repitiendo los mismos actos diariamente, casi de memoria.

Pero ese día mi pecho, tal como lo percibo hoy, tuvo un fuego propio. No entendía, no sabía, solo sentía.

Sin más, salí corriendo, no por la lluvia que caía a cántaros sino porque algo dentro de mí pedía a gritos escapar. No me pregunten cómo, pero ingresé a una tienda de regalos y, en un acto simbólico premonitorio, elegí una taza. Mi mente no la eligió, pero sí mi alma.

No podría explicar desde la lógica lo que sentí en ese momento. Pensarás que es una tontería. Una simple taza, un simple objeto. **Pero me atrevo a decir que todo el tiempo tenemos mensajes que, pacientemente, esperan a que los veamos, los escuchemos, los toquemos.**

¡Están ahí, claro que están ahí! Pero con nuestras anteojeras de rutinas obsoletas y egoístas no podemos reconocerlos.

Llegué a casa, me desparramé en la cama, grité, pataleé, suspiré, me agité y lloré como nunca antes en mi vida lo había hecho. Luego, me dormí.

Amanecí a las 5 a. m., ya no necesitaba despertador para saber que un día nuevo, pero igual a los anteriores, comenzaba.

Nieve afuera, unas maderas más al fuego que apenas calentaba adentro, la cafetera y la nueva taza. Me senté en la mesita de la cocina como todos los días y, casi sin darme cuenta, tomé mi nuevo objeto e invoqué las frases que me trajeron hasta hoy: ¿Qué vida tienes? ¿Qué vida deseas tener? ¿Te atreves a soñar?

Hoy me sonrío, guardo mi taza y miro a mi alrededor. Agradezco todo lo aprendido en esta casa y en este pueblo, pero es hora de ir tras la vida que deseo tener.

¡Me atrevo! Aun sabiendo que estoy muerta de miedo y que puede salir mal, pero con la certeza de que también puede salir muy bien. Elijo asumir los riesgos, elijo salir de mis hábitos conocidos y repetidos que me dan sustento, pero me roban entusiasmo. **Elijo creer en mí, en mis fortalezas, en mis metas, en mis valores.** Me elijo.

Te creí, mentiroso confort, durante muchos años. Ya no más.

¡Estoy lista para ir tras la vida que deseo tener!

Si has llegado hasta aquí, tu valor y valentía están cobrando fuerza y arrojo. Te invito a vivir un ritual bellísimo y sutil en la **página 300** para que logres identificar tus zonas de confort en las distintas áreas de tu vida.

¿Para qué necesitas identificar la zona de confort?

Identificar al mentiroso confort es necesario para darte cuenta de lo sutil que a veces puede ser la diferencia entre estar "cómoda" o "segura" pero insatisfecha, infeliz y enojada.

CAPÍTULO 19

Pereza

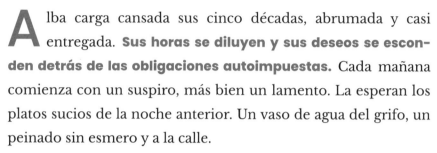

Alba carga cansada sus cinco décadas, abrumada y casi entregada. **Sus horas se diluyen y sus deseos se esconden detrás de las obligaciones autoimpuestas.** Cada mañana comienza con un suspiro, más bien un lamento. La esperan los platos sucios de la noche anterior. Un vaso de agua del grifo, un peinado sin esmero y a la calle.

Veinte cuadras la separan de un trabajo que necesita, pero no desea. Han pasado solo dos horas desde que abrió los ojos en el nuevo día y Alba ya siente el aburrimiento de la repetición eterna. Su rostro abúlico, sus ideas oxidadas, su alma aturdida.

Las mismas cuadras al regresar parecen cuarenta, el retorno a su casa se hace eterno. Llega a su hogar, un día más igual que el anterior, un día menos. Se desploma sobre el sofá azul petróleo de pana gastada.

Se acumulan horas, días, semanas, meses, años de la vida perezosa de Alba.

Se anestesian los movimientos de entusiasmo y sorpresa.

Se juegan en una pulseada las ideas futuras contra la acción concreta. Ganan siempre las ideas futuras, pierde siempre la acción concreta.

Se divierte el miedo dejando a Alba cada vez más quieta.

Se expanden los prejuicios y la queja acerca de las acciones de los que sí se ponen en marcha.

Se esconde el asesino de pasiones y deseos.
Se divierte el aburrimiento.
Se entristece el alma de Alba.

CAPÍTULO 20

Postergación

Había una vez dos ardillas. Eran vecinas en uno de los pinos más altos del bosque. Rosalinda había construido su hogar con ventanales inmensos que le permitían admirar el paisaje en toda su expansión. Frente a ella estaba Aurora, cuya pequeña construcción tenía un balcón impresionante.

Todas las mañanas se saludaban amistosamente, cada una a su estilo. Rosalinda siempre estaba impecable, con su pelo brillante y alisado, amanecía temprano para iniciar su rutina diaria. En cambio, a Aurora, perezosa y remolona, le daba mucho más trabajo ponerse en marcha.

Una mañana del incipiente otoño, Rosalinda le dice a su vecina:

—Hoy se inicia el tiempo del orden, querida amiga. Ha comenzado el otoño y con él la tarea diaria de recolectar alimento para pasar el invierno. ¿Vamos juntas?

Aurora, aún bostezando y arrastrando las pantuflas, le contesta:

—No, aún hay tiempo de sobra. Falta mucho para el invierno. Además, debo encontrarme con amigas en el pino principal del bosque.

A los quince días, los colores amarillos, rojizos y marrones anunciaban la llegada inminente de los días más fríos.

Rosalinda invitó nuevamente a su amiga Aurora a buscar alimento para abastecerse durante el largo invierno. Pero ella le dijo que estaba cansada, triste y sin ánimos de ocuparse de ello.

Los días pasaban, el sol se asomaba cada vez con mayor timidez y la noche, apresurada, se imponía inmensa y fresquita.

Rosalinda, trabajadora y perseverante, sabía que el invierno iba a ser largo y crudo. Muchas veces observaba a Aurora tomando sol en su balcón y eso le daba cierta envidia. Pero tenía claro que el tiempo de su pausa llegaría en otro momento. Entonces, realizaba una honda inhalación para cobrar impulso y partía volando a buscar alimento.

Por su parte Aurora, desparramada en su balcón, pensaba "¡Qué exagerada esta Rosalinda, para qué se ocupará tanto, falta un montón para el invierno!".

Un buen día, de esos mágicos si los hay, ocurrió la primera nevada que tomó totalmente por sorpresa a las bellas ardillas. Todavía era un poco temprano para que llegase la reina blanca, pero ambas sabían que la tierra se manifiesta de mil maneras cuando necesita que la respeten y la cuiden. Por eso, no se sorprendieron.

¡Qué alegría! Bajaron rápidamente de sus hogares y comenzaron a hacer las primeras piruetas en la inmaculada nieve.

Rosalinda insistía en que Aurora la acompañase en su rutina diaria, pero esta prefería seguir jugando en el manto blanco.

Si bien Rosalinda también deseaba quedarse, más que nunca partió porque entendía que ya no quedaba demasiado tiempo.

Pronto, el sol comenzó a esconderse casi todo el tiempo detrás de infladas nubes grises y, finalmente, el otoño se marchó. La lluvia a veces suave, otras tantas furiosa, aseguraba un fuerte invierno. El viento ya estaba listo para dejar su huella.

Y así fue como Rosalinda inició su ciclo de pausa y merecido descanso. Se había preparado mucho para este momento.

Había trabajado sin prisa, pero sin pausa.

Había identificado que lo urgente y lo importante no eran lo mismo. **Entendió que lo urgente muchas veces es una simple distracción para lo realmente importante.**

La calma que sentía fue posible gracias a tener sus metas en claro y ello fue posible gracias a su actitud y voluntad.

Rosalinda entendió que hay tiempo para todo: para el disfrute, para el trabajo, para el descanso y para la pausa, y que la conciencia permite elegir el momento justo para cada uno de ellos.

Rosalinda recordó, risueña, todas esas veces que salía a buscar alimento refunfuñando, quejosa, cansada, deseando quedarse con Aurora y el resto de las amigas a jugar sobre el colchón de hojas crujientes.

De esta manera el invierno sorprendió a Aurora.

Sin alimento y sin posibilidades ya de encontrarlo.

Aurora, en medio de un llanto desconsolado, comenzó a dar vueltas por el balcón congelado sin saber qué hacer.

Entendió que su aletargamiento había tenido un precio muy elevado.

Asumió que las excusas solo sirvieron para crear un problema que sin dudas podría haber evitado.

Comprendió que la acción responsable es importante para quien encarna la adultez.

Aurora se dio cuenta de que el tiempo puede ser tu aliado o tu peor enemigo.

Entendió que las acciones tienen consecuencias, siempre.

Recodaba una y mil veces en su mente todas esas oportunidades que había dejado pasar porque la pereza, el desorden, lo

urgente, las excusas y el inmediato disfrute le habían impedido advertir las consecuencias de la postergación.

De repente, escuchó un silbido. Rosalinda en pantuflas y pijama le hizo señas para que se cruzara a su casa. En menos de un minuto, allí estaba, junto a su amiga querida.

¡Un cuarto repleto de alimento, resultado de tantos días de tarea y voluntad!

¡Si algo tenía Rosalinda, además de organizada, era un corazón inmenso!

Aurora entendió en ese preciso momento el valor de la perseverancia, de la responsabilidad, de los objetivos claros, de las acciones concretas. Pero, fundamentalmente, entendió el valor de la amistad.

Ambas ardillas conviven dentro nuestro todo el tiempo.

A veces Aurora nos convence y llenamos la vida de excusas, por miedos, inseguridades, falta de voluntad.

A veces Rosalinda nos anima y nos sentimos súper bien en cada acción lograda.

No se trata de ser una o la otra. Se trata de identificar nuestros eslabones más débiles y ser conscientes de todo lo que nos aleja y de todo lo que nos acerca a nuestros propósitos. **Se trata de entender que en la vida los deseos necesitan de determinación, voluntad, conciencia, fuerza, actitud y mucho amor.**

CAPÍTULO 21

Trampas

*T*rampa,
laberinto de ideas,
asesina de deseos.
Trampa,
caos de palabras,
avalancha de excusas,
neblina sobre aventuras.
Trampa,
enemiga de la osadía,
aliada de la víctima,
promotora de la postergación.
Trampa,
magnífico espejismo,
carnada irresistible,
atajo ilusorio.
Trampa,
intrusa autoritaria,
vendedora de mentiras,
mentirosa empedernida.
Trampa,
me entrampas
me enredas,
me mientes,

me confundes,

me convences,

me mareas,

me distraes,

me manejas.

Trampa,

es tiempo ya de respirar profundamente y decirte:

te reconozco, creación de mis miedos,

te reconozco, habitante de mi mente,

te reconozco, carcelera de mi alma.

Asumo el poder que habita en mí.

Trampa, ¡Ya no me entrampas!

En la **página 301** encontrarás un ritual sin trampas.

¿Para qué? Para que puedas identificar esas formas añejas en ti que *a priori* parecen serias y lógicas, pero que en el fondo son grandes trampas entrenadas para atraparte.

CAPÍTULO 22

Enfermedad

"El dolor de columna no me deja vivir. Tengo que operarme, pero estoy aterrada".

"El médico dice que no tengo nada. Me realicé muchos estudios, pero los dolores de cabeza no cesan".

"Me descubrieron un tumor. Tengo mucho miedo, no quiero morir".

"Hace veinte años que no logro dormir bien, mi vida es un infierno".

"Mi mayor deseo es concebir un hijo, pero no lo consigo. No sé qué más hacer, algo no está bien en mi útero".

"Hace cuarenta años que trabajo en la escuela. Tengo cinco hernias y no puedo más con mi cuerpo".

"No soporto más esta ansiedad, el miedo a morir no me deja vivir".

"Siento un dolor insoportable en el estómago cada vez que voy a la casa de mis padres".

"La semana pasada terminé internada. Tuve un ataque de pánico muy fuerte".

"Los abusos sexuales que padecí son una sentencia en mi sexualidad. Mi cuerpo está completamente anestesiado".

"Cada vez que me observan, no puedo emitir palabra alguna, mi garganta se cierra y siento que se prende fuego".

"Necesito ayuda, soy alcohólica".

¿Te identificas con alguna de estas expresiones?

¿Cuál sería la tuya si tuvieras que hablar de tu cuerpo sufriente?

Cuando el cuerpo nos habla mediante dolores, malestares, heridas, enfermedades o accidentes está intentando hacernos llegar un mensaje de manera categórica. Antes del dolor físico, seguramente, hubo muchas otras señales que has pasado por alto (los seres humanos somos expertos en hacernos los distraídos de lo que es realmente importante). **Los cuerpos se ofrecen como mártires en nombre de tu sanación y tus pendientes.**

Las frases que has leído son solo algunas de las muchas que hace más de veinte años escucho reiteradamente en el acompañamiento de las personas que llegan a mi consulta, abatidas y hartas de padecer dolores limitantes.

¿Por qué decidimos desesperadamente pedir ayuda cuando el cuerpo habla?

¿Qué pasó antes? ¿Dónde estaban las prioridades?

¿Será porque tal vez nuestro cuerpo nos obliga a parar?

¿Será porque sentimos que la muerte está más cerca?

¿Será porque nos hace completamente vulnerables?

¿Será porque entendemos que la enfermedad nos impide ser felices y libres?

¿Será porque cuando enfermamos *debemos luchar* y librarnos de ello lo más rápido posible?

Entiendo a la enfermedad como a una ofrenda, como a una oportunidad, como a una mensajera que nos dice cuán desequilibrado esta nuestro ser. Porque el estado natural del ser humano no es la enfermedad, sino la salud. Entonces, cuando el cuerpo enferma vale preguntarse lo siguiente:

¿Quién está enfermo realmente?

¿Qué está pasando en tu alma?

¿De qué te habla tu mente?

¿Cuáles son las creencias forjadas en tu historia que sostienen los pensamientos que tienes?

¿Por qué se repiten incansablemente algunos síntomas?

No separemos el cuerpo de la mente y del espíritu. Los tres trabajan en equipo, siempre. Estamos mal acostumbrados. Duele el estómago y lo tratamos como a un órgano disociado de nuestra razón y corazón. Estoy convencida de que el cuerpo es el reflejo más fiel de lo que sucede en nuestro interior. Entiendo que cuestionar creencias y patrones tradicionales puede generar temor. Solo te invito a que hagas tu experiencia y saques tus propias conclusiones.

No se trata de caer en la dualidad acerca de una u otra manera de abordar la enfermedad, sino de ampliar y observar diferentes caminos en los procesos de sanación porque, en definitiva, deseamos ser felices y estar sanos. Abre tu mente y tu corazón.

¿Entonces, cuál es la propuesta?

Cuando el cuerpo hable desde el dolor:

* Repasa tus creencias para ser consciente de los obstáculos y limitaciones que te generan

* Tus dolores físicos no son solo físicos. Observa el mundo de tus emociones, de tus deseos, de tus relaciones, de tus pensamientos. ¿Hay dolor en esos otros mundos? ¿Qué duele? ¿Quién te duele?

* Observa tu cuerpo: ¿Cómo es su postura? ¿Cómo son los gestos de tu rostro? El ceño, ¿está fruncido o calmo? Tu boca, ¿está rígida o relajada? Tu espalda, ¿carga una tonelada o está erguida? Tus manos, ¿están abiertas o cerradas?

¡Mírate! Mira tu cuerpo y lo que comunica.

Y lo más importante de todo, **te propongo que consideres integrar el perdón y el amor en el camino de la sanación.**

El perdón te invita a dejar de "luchar en contra de" para comenzar a vivir en libertad.

El perdón te propone dejar de aferrarte a alguien, a un recuerdo, a un objeto, a una circunstancia.

El perdón te invita a renunciar conscientemente a todo aquello que no te permite evolucionar y avanzar.

El amor a ti misma, el primero que merecemos recuperar, te invita a aceptarte, a aprobarte, a confiar en tu poder, a reconocer tus méritos, tu valor y tu crédito.

El amor a ti misma deja de lado la crítica y la culpa, el juicio y la sentencia.

El amor a ti misma genera una burbuja de energía que expande abundancia a todas las áreas de tu vida.

Lo igual atrae a lo igual. **Por eso, mujeres valientes, les digo con absoluta certeza que quien perdona y ama, así como quien se perdona y se ama a sí mismo, tendrá la dicha de volver al equilibrio de su ser en sus dimensiones física, mental, energética y espiritual fractales de una misma forma.** Tendrá en su poder la capacidad de recibir con los brazos abiertos cada *dolor* porque entiende, comprende y asume que ya no es una lucha hacia afuera. Es un reencuentro hacia adentro.

En la **página 301** encontrarás un ejercicio hermoso y conmovedor, sin velos, ni distracciones.

Necesitar

Vamos por la vida "necesitando" cosas.

Enunciamos sin reparo palabras sueltas con carácter de urgencia:

"Necesito un pantalón nuevo, no tengo qué ponerme".

"Necesito estar en la playa al menos un fin de semana".

"Necesito una pareja que me acepte tal cual soy y me valore".

"Necesito cambiar el auto".

"Necesito otro trabajo".

"Necesito graduarme".

"Necesito que me escuchen".

No somos conscientes de que cada vez que sentimos, pensamos y decimos *necesito*, nos asumimos carentes de algo o de alguien y nos alejamos de la posibilidad de *crear* y de *desear*.

¿Necesitas o deseas? Cuando necesitas...

* Estás atada al apuro de llenar vacíos.
* Te alejas de tu poder divino creador.
* No eres capaz de ver más allá de la falta.
* Buscas afuera lo que en verdad se encuentra adentro.

En cambio, cuando deseas...

* Encarnas la gran aventura del poder creador, de darle formas diversas a la materia, de crear realidad libre de carencias y agujeros densos que te oprimen y te limitan.

* Asumes la falta como motor porque entiendes que, así como eres, eres perfecta.
* Reconoces primero y honras después tus valores y habilidades.
* Entiendes que la lista de necesidades se vuelve muy pequeña y la de deseos muy grande.

Te doy dos ejemplos que seguro te ayudarán a entender por qué *necesidad* y *deseo* no son sinónimos. Cuando dices "necesito una pareja", buscas tapar alguna carencia de tu vida. Distinto es cuando afirmas "deseo conectar y divertirme contigo" porque allí te reconoces plena y desde la libertad te dispones a vivir experiencias con otro.

Mujeres, valientes buscadoras de su verdad, las invito a discernir con conciencia y valor cuánto de necesidad y carencia, y cuánto de deseo existe en sus vidas.

Debemos preguntarnos: ¿Qué es necesitar? ¿Quién necesita, el cuerpo, la mente o el alma? ¿Necesitamos o deseamos? ¿O mezclamos todo para engañarnos?

A simple vista, pareciera que en el mundo del deseo no habría urgencias, pero en el mundo de la necesidad todas sí lo son.

La necesidad propone carencia y el deseo abundancia.

CAPÍTULO 24

El fin

M e dirijo consciente una vez más al capullo, mi tumba, pero también mi útero.

Camino casi flotando sabiendo que no seré la misma, sabiendo que aun no siendo la misma, seguiré siendo yo.

Estoy desnuda, despojada de todo y de todos.

El fin y el inicio se miran de frente, se entienden, se reconocen, se respetan. Saben mutuamente que no *son* el uno sin el otro. Para que haya fin debe haber un inicio, para que haya inicio debe haber un fin. Observa los maravillosos ciclos de la ley natural: para que llegue la primavera debe morir el invierno.

Muero para nacer.

Me amigo con el fin, me alío con la muerte.

En un ritual mágico de alquimia femenina, luz y oscuridad se ensamblan y me bendicen.

En el sendero hacia mi muerte consciente me acompañan el cóndor con su vuelo alto y certero, el colibrí, alegre y pícaro, el puma, sigiloso y valiente y la serpiente, silenciosa y poderosa.

Me sostiene la tierra, madre generosa.

El fuego me ilumina más que nunca.

El aire cálido crea una melodía sutil.

El agua me invita a fluir en absoluta armonía.

¿Qué llegó a su fin?

¿Qué elijo que muera en mi vida?

¿Qué no me sirve más para seguir mi viaje?

¿Qué experiencia, vínculo, forma o conducta deseo que no siga formando más parte de mi ser?

Estoy lista.

Morir para vivir.

Te invito a dirigirte a la **página 303**. Allí encontrarás uno de los rituales más conmovedores y profundos en este camino de sanación, reconocimiento de tu propia existencia.

Te acompaño, en cada paso que eliges dar.

CAPÍTULO 25

Me empodero

¿Qué ha pasado con tu niña para que, hoy adulta, no sepas qué te agrada?

¿Qué ha pasado con tu niña para que, hoy adulta, no reconozcas tus virtudes y no descubras tus deseos?

¿Qué ha pasado con tu niña para que, hoy adulta, no encuentres calma y armonía en tu día a día?

¿Qué ha pasado con tu niña para que, hoy adulta, no goces de la sensualidad, la seducción y no veas el erotismo que hay en ti?

¿Qué ha pasado con tu niña para que, hoy adulta, no disfrutes de la libertad y el desapego?

¿Qué ha pasado en tu historia para que, hoy adulta, no sepas quién eres y mucho menos quién deseas ser?

¿Qué ha pasado en tu cuerpo para que, hoy adulta, lo desprecies intentando cambiarlo todo y todo el tiempo?

¿Qué te ha pasado para que, hoy adulta, no seas feliz?

¿Será que tal vez, desde muy pequeña, has desordenado tu vida creyendo que en realidad la estabas ordenando?

¿Será que tal vez, desde muy pequeña, has aprendido que la voz de los demás era más valiosa que la tuya?

¿Será que tal vez, desde muy pequeña, dejar contenta a tu madre o padre era más importante que tu propia felicidad?

¿Será que, desde muy pequeñas, se nos ha enseñado a las mujeres que no somos lo suficientemente buenas?

Vienen a mi memoria imágenes del jardín de infantes al que asistí, hace ya 40 años. Se llamaba "Tía Gimena". El uniforme era azul brillante con cuello y bolsillos a cuadros. Tengo fotos en mi mente y en mi alma de aquellos primeros años de vida, con una claridad que sin dudas es mágica.

Era muy fácil para mí llegar al establecimiento porque vivía enfrente y, literalmente, solo tenía que cruzar la calle mientras mi madre me decía "¡Vamos, ahora, cruza que no viene ningún auto!". Para alguien tan pequeño como yo, ese lugar quedaba lejísimo. Cruzando la calle conocí lo que era el miedo.

Recuerdo que era una niña vergonzosa, alegre y muy colaborativa, pero demasiado exigente conmigo misma. Me veo en la sala del jardín a la edad de cuatro años, dibujando mi primer cuerpo humano, el famoso garabato. Me estoy viendo mientras mi mano izquierda intenta hacer algo parecido a una persona. En ese momento, esa mente pequeña ya se decía a sí misma que aquello estaba mal y que su dibujo era más feo que el de su amiga.

¿De dónde provenía esa exigencia? ¡Ni de mi madre ni de mi padre! Eso lo sé porque en mis recuerdos, en los pasajes de mi infancia, mi madre y mi padre me han ofrendado el lugar de la libertad de la que he hecho culto. ¿Será tal vez que detrás de mí, había dos hermanos muy revoltosos a los que había que atender todo el tiempo y una hermana recién llegada? ¿Será tal vez que "jamás causaba problemas"? ¿Será que la autogestión siempre fue mi aliada? No podría dar un fundamento más riguroso, solo aproximaciones emotivas. Pero seguramente ustedes entenderán cuando les sucede que "algo saben, con certeza, sin dudas" y no necesitan decir más. Lo saben y es suficiente.

En mi pequeña *yo* estaba clarísimo que la falla y el error, lo que hay que mejorar y lo que falta, lo que no es suficiente y lo que es feo, ocupaban demasiado lugar.

Tuvieron que pasarme por encima muchos y grandes *dolores* a lo largo de mi vida para darme cuenta de que esa niña no había descubierto aún *cuánto poder tenía dentro.*

Tuve necesariamente que *sufrir* para *despertar mi poder olvidado.*

Hoy miro a esa niña en fotos viejas, desde mi *yo* crecido, y le susurro al oído:

Te traigo seguridad, ya nada ni nadie te hará sentir en peligro.

Te traigo besos y abrazos suaves cada noche antes de acostarte y antes de que vayas al colegio.

Te traigo aplausos en cada cosa que hagas, no importa si te sale bonito o deforme, importa que te sientas feliz con ello.

Te traigo comida calentita y exquisita cuando estés enferma en la cama.

Te traigo mi escucha para que me cuentes todo lo que sientes, y siempre creeré en tu palabra.

Te traigo fuerza y valor, para esos momentos llenos de miedo.

Te traigo muchos cuentos de diosas y dioses para que tu creatividad crezca colorida y ruidosa.

Te traigo abrigo para cuando sientas frío en tu cuerpo y en tu alma.

Te traigo ese juguete que siempre deseaste y no podías tener.

Te traigo risas, hasta caer rendidas y dormir bajo las estrellas.

Te traigo el pastel de cumpleaños más colorido y sabroso de todo el mundo.

Te traigo mi amistad leal por todas esas veces que te sentiste sola en el colegio.

Te traigo mi cuerpo, mi mirada y mi alma, que son refugio para tu pequeño cuerpo, tu pequeña alma y tu pequeña mente.

Te traigo el permiso para desear y elegir.

Te traigo la pasión. ¿Qué te agrada, cantar, dibujar, enseñar, construir, curar?

Tu poder ya está despierto en ti. Ha vuelto a ti. Dejó de estar afuera o en otros.

No temas, ya no estarás sola ni desprotegida nunca más. Nada ni nadie tendrá el poder de dañarte porque he venido a decirte que siempre estaré contigo. Ahora es tiempo de crecer, de seguir. La vida que viene es hermosa y, en cada paso que des, me verás a tu lado.

Soy testigo de tu emoción, de tus lágrimas y de tu nostalgia.

No es un golpe bajo, es el paso necesario para sanar.

Te invito a respirar profundamente y a dirigirte a la **página 305**.

¡Estoy segura de que te *empoderará*!

CAPÍTULO 26

Ladronas

—**E**res una ladrona.

—¿Cómo puedes decirme eso?

—Claro que sí. Somos ladronas y te voy a explicar el porqué.

Eres ladrona de palabras cada vez que no eliges conscientemente lo que deseas decir o decirte.

Te robas las verdaderas palabras por vergüenza, por miedo a equivocarte, por no animarte a tomar posición, por inseguridad y por temor a ser juzgada.

Les robas las palabras a otros cada vez que no les permites que expresen lo que sienten, creen o piensan.

Eres ladrona del tiempo cada vez que te pierdes en el reloj de las obligaciones.

Te robas tiempo vital cuando tu placer, tus deseos y tus momentos de ocio y calma no están.

Les robas el tiempo a otros cuando no contemplas sus procesos y asumes que están a tu disposición.

Eres ladrona de expectativas cada vez que desvalorizas, descartas o anulas un deseo.

Te robas ilusiones, oportunidades y nuevas aventuras. Te robas el mérito y el valor.

Les robas expectativas a los otros cuando sin saberlo y por solo creerlo desde tu perspectiva sentencias negativamente las acciones elegidas.

Eres ladrona de identidad cada vez que te llenas de calumnias.

Te robas el valor cuando te castigas cruelmente, te juzgas, te anulas y te sentencias.

Les robas identidad a otros cuando sin fundamento denigras y sentencias, asumiéndote dueña de la verdad.

Entonces, dime: ¿eres una ladrona?

CAPÍTULO 27

Calumnia

—¿Te enteraste?

—¿Has escuchado?

—¡No sabes lo que dicen!

—¡Tengo una noticia que es una bomba!

Palabras que ruedan y aplastan vidas.

Expresiones que corren como reguero de pólvora e incendian historias.

Frases sin ética, sin valor, sin conciencia.

Armas sádicas.

Puñales cobardes.

Ladrones de identidad, de honor, del buen nombre.

Calumniamos, somos calumniados.

Reproducimos como verdad miles de mentiras sin el menor reparo.

Ignoramos el poder de las palabras.

¿Por qué?

Calumniamos cuando nuestro interior derrama celos, envidia, inseguridad, frustración frente al calumniado, un ser que ha logrado todo eso que el calumniador desea tener.

Los seres tristes, faltos de poder, carentes de valor, inseguros e insatisfechos se dejan seducir por sus sombras más oscuras y miserables cuando el único camino para no sentirse tan vacíos, tan pobres lo encuentran en la calumnia, el rumor, el chisme, la deshonra.

A quien se atreva a desplegar sus alas, a brillar, a evolucionar, a progresar se lo intentará atrapar con una soga repleta de espinas para bajarlo al mundo de los que temen, al terreno de los que no pueden.

¿Cómo te atreves a brillar?

¿Cómo te atreves a ser cada día mejor?

¿Cómo te atreves a lograrlo?

¿Cómo te atreves a ser exitoso, exitosa?

¿Cómo te atreves a intentarlo?

¿Cómo te atreves a transformarte?

La calumniadora cree, lamentablemente, que no puede, que no sabe.

Si supiera que tiene en sus manos un mundo lleno de oportunidades.

Si supiera que toda esa energía que invierte en destruir, podría ponerla al servicio de su poder anestesiado.

Si supiera que, más temprano que tarde, quien elige volar y brillar lo hará cada vez más alto, aun atrapada en las miles de monstruosas mentiras que inútilmente intentan detenerla.

Si supiera que el daño, en un intento de destruir al otro, solo la destruye a ella misma.

Si supiera.

La calumniada sentirá morir, sentirá la mirada inquisidora y cruel.

Sentirá en su alma, cuerpo, vínculos, el despliegue de un colectivo de falsos jueces que lo señalan y sentencian sin reparo.

Se preguntará por qué la mentira tiene más poder que la verdad.

Sufrirá.

Llorará.

Sentirá mucha impotencia.

Descubrirá amigos que no lo eran.

El cuento popular de "Las tres rejas" nos enseña lo siguiente:

El joven discípulo de un sabio filósofo llega a casa de aquel y le dice:

—Oye maestro, un amigo tuyo estuvo hablando de ti con malevolencia...

—¡Espera! —lo interrumpe el filósofo— ¿Ya hiciste pasar por las tres rejas lo que vas a contarme?

—¿Las tres rejas?

—Sí. La primera es la *verdad*. ¿Estás seguro de que lo que quieres decirme es absolutamente cierto?

—No. Lo oí comentar a unos vecinos.

—Al menos lo habrás hecho pasar por la segunda reja, que es la *bondad*. Eso que deseas decirme, ¿es bueno para alguien?

—No, en realidad no. Al contrario...

—¡Ah, vaya! La última reja es la *necesidad*. ¿Es necesario hacerme saber eso que tanto te inquieta?

—A decir verdad, no.

Entonces, dijo el sabio, sonriendo:

—*Si no sabemos si es verdad, ni bueno, ni necesario, sepultémoslo en el olvido.*

La calumniada cansada y herida entrará a su capullo, hará silencio, se quedará quieta, dispuesta a dejarse morir. La calumniadora la verá fallecer, se sentirá triunfante y extasiada al inicio, pero seguirá tan pobre y vacía como al principio.

Pero cuando, pasado un tiempo, la calumniada decida salir, su brillo, su sabiduría, su identidad, su evolución, su amor, conciencia y ética desplegarán nuevamente el vuelo, esta vez, con alas más grandes, ojos más aguzados, palabras más precisas, corazón más sabio. Agradecerá cada una de las mentiras porque las transformó en nuevos recursos. La calumniadora que creyó ser poderosa en la destrucción de la otra descubrirá que, con su zonza, pero cruel estrategia, colaboró para que la calumniada brille incluso mucho más. Paradójicamente, también descubrirá que su interior sigue tan pobre y tan vacío como al principio.

Que tus palabras sean honorables. Cuando no lo sean revisa a tu calumniadora interior, asume tu miseria y transforma tu sombra en luz. Todos tenemos el poder de brillar.

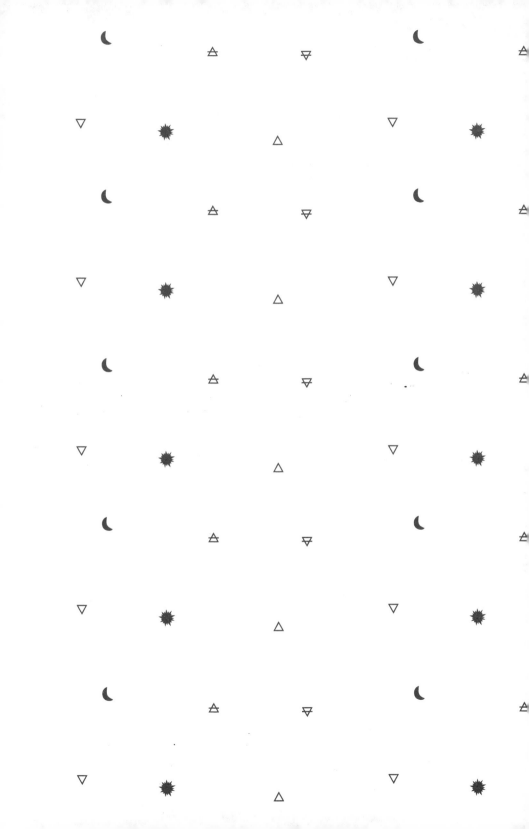

PARTE 2

Asumir

CAPÍTULO 28

Al encuentro de mi niña (preparación)

E n estos años de estar acompañando al dolor, la angustia y a los cuerpos enfermos que se inmolan para mostrar lo que la mente le prohíbe decir al alma, siempre he tenido la misma pregunta: ¿por qué no sabemos amarnos?

Mi consultorio y los grupos de personas que he acompañado han sido los mejores testigos del desamor propio y la crueldad con la que nos tratamos sin ser conscientes sobre el origen de tanto maltrato.

Algunas valientes, como ustedes hoy aquí, se atreven a iniciar esa búsqueda. Sin saber muy bien de qué trata al comienzo, pero con la sensación de que algo del orden de la revelación es inminente.

No les voy a pedir que crean en mí, sino que lean mis palabras. Y les voy a pedir que crean en ustedes.

¿Por qué elijo usar la palabra *valentía*? Porque para despertar a su existencia tal cual la desean, deben necesariamente atreverse a reencontrarse con esa niña que han encerrado en su interior y que han silenciado muchas veces, pero que no deja de susurrar, abandonada, desvalorizada, abusada, violentada, no elegida, atormentada, muerta de miedo.

Esa niña está a la espera, tímida y quieta, dolida y sola, en tu interior. Tú sabes que está ahí, rota, desarmada y también sabes que todo este tiempo ese dolor se ha expresado en tu ser mujer. Mides un metro setenta, pesas ochenta kilos, trabajas, te coloreas el pelo, manejas el auto, pero aún eres esa niña que detuvo su evolución y no pudo hacer crecer su alma. Solo creció su cuerpo.

¿Cómo?

Cuando sientes miedo, es el miedo de ella

Cuando reclamas que te valoren, es el reclamo de ella.

Cuando necesitas que te abracen, es la necesidad de ella.

Cuando tus celos son insoportables, son los celos de ella.

Cuando reclamas amor, ese amor que reclamas es de ella.

Cuando te desborda la ira, ese enojo es de ella.

Cuando la culpa te atormenta, esa culpa es de ella.

Cuando estás triste, es la tristeza de ella.

Cuando te acecha la soledad, es la soledad de ella.

Cuando sientes que no sirves, es la desvalorización de ella.

Para ser adulta consciente, sana y libre debes ir al rescate de esa niña abandonada. Esta vez, por ti misma, porque eres tú la única que puede reconocerla.

¿Estás dispuesta a viajar al origen del dolor en tu propia historia para liberar a tu niña de las cadenas que la oprimen? Te ofrendo estas palabras para que susurres o grites, según necesites. Debo confesarte que:

Habrá oscuridad. Bienvenida oscuridad, soy vasija para recibir tu luz.

Habrá monstruos. Bienvenidos monstruos, soy vasija para recibir tu luz.

Habrá angustia. Bienvenida angustia, soy vasija para recibir tu luz.

Habrá dudas. Bienvenida duda, soy vasija para recibir tu luz.

Habrá revelaciones. Bienvenidas revelaciones, soy vasija para recibir tu luz.

Habrá recuerdos donde hubo amnesia. Bienvenidos sean, soy vasija para recibir tu luz.

Emprenderemos un viaje profundo, pero no será ni desde el dolor ni desde el padecimiento. **Estoy convencida de que a través del amor, de la creatividad, de la templanza, de la calma, del silencio, de la risa, de la alegría, de lo simbólico y de la magia, podemos abrazar y suturar todas las heridas de nuestra historia.**

¿Qué hacemos cuando emprendemos un viaje? Nos preparamos, organizamos, llevamos con nosotras todo aquello que sea necesario para movernos.

En este viaje también nos prepararemos. Solo que no necesitamos ni pasaporte ni equipaje pesado. Necesitaremos otro tipo de elementos espirituales que no ocupan lugar pero que nos acompañarán toda nuestra vida.

Solo necesitan abrir su corazón. Construiremos nuestro *desde dónde* desde el cual iremos al reencuentro de nuestra niña.

Para eso les dejo en la **página 307** un ritual amoroso para que se llenen de valor y juntas vayamos al rescate de nuestras niñas internas.

CAPÍTULO 29

Al encuentro
de mi niña
(el viaje)

¡A**tención!** Para leer este capítulo debes crear un contexto mágico. Leerlo en absoluta soledad, en presencia de los cuatro elementos universales: fuego, agua, aire, tierra; una vela, un sahumerio, una vasija con agua, una piedra, una melodía suave, y colocarte en posición cómoda.

Un día nublado pero templado los árboles se movilizan, advirtiendo que estás lista para una nueva aventura. Abres la puerta de tu casa ya lista para viajar en tiempo y espacio imaginario.

Mágicamente te encuentras con una puerta color rubí vibrante muy vieja, enorme y hermosa, con un picaporte de oro, pesado y muy brillante. Algo dentro tuyo dice que la abras y así lo haces, con fuerza porque hace mucho que nadie se anima a atravesarla. El sonido de este viejo portal te acompaña, las arañitas escondidas en sus castillos tejidos te hacen una reverencia y te reconocen, valiente y poderosa.

Detrás de ella hay un camino de tierra húmeda. Sientes el aroma del suelo mojado, inconfundible. Lo respiras con intención de recibir a la madre tierra. Inhalas profundamente. **No conoces ese camino, tampoco ves a nadie, pero algo te indica que por allí tienes que comenzar a caminar.**

Despacio y paso a paso, te dejas sorprender por hermosos pájaros de colores que nunca habías visto: aves grandes y pequeñas están felices de verte, bailan en su vuelo y descubres que te miran con bondad. Te sientes segura junto a ellas.

¡Mira qué hermosas mariposas! Son gigantes y del color de tu piel, y tienen un perfume que te relaja y calma. ¡Cuánta belleza!

El sol está muy bajo. Te acaricia con tanta suavidad que no te sofoca; es un sol tibio y a su vez poderoso. También está la luna: llena, radiante, misteriosa. Ambos son amigos. A la izquierda del camino todo es noche y oscuridad, a la derecha todo es luz.

—¿Cómo puede ser? —te preguntas, pero todo es tan suave y se siente tan amoroso que simplemente te dejas acompañar.

Los árboles son de todos colores, tienen ojos y sonrisas, sus ramas son brazos largos que van pintando el camino de los mismos colores. Te dan la bienvenida y te nombran, te conocen; claro que te conocen.

De repente, escuchas que alguien te llama. Miras para todos lados, pero no encuentras a nadie, hasta que descubres algo muy pequeño y brillante, con alas plateadas.

—¡Hola! Soy el hada de la liberación.

Cuando estás frente a ella, todo a tu alrededor desaparece, volviéndose un espacio oscuro.

—Vine para contarte que estaré junto a ti, aunque a veces no me veas. Sabía que finalmente te atreverías. Nunca dudé de ti. Solo era cuestión de esperar el momento indicado. Llegó la hora, ¡vamos!

El paisaje hermoso, divertido y amoroso se va diluyendo como las luces de un bar en invierno cuando ya no queda nadie y al mesero lo envuelve la melancolía.

Comienzas a sentir una sensación de alerta y temor, también un poco de adrenalina e intriga.

El hada sonriente y pacífica te señala una nueva puerta, también inmensa, color turquesa e imponente con picaporte de plata.

—Mi función es acompañarte hasta aquí. Ahora deberás seguir sola, pero recuerda que estaré en tu mente, en tu alma y en tu cuerpo para recordarte el sentido de este viaje. Ahora mismo seré parte de tus células. No me verás, pero no tendrás dudas de mi existencia.

Realizas una honda inhalación y tu mano abre la puerta.

Asomas tímidamente la cabeza y aunque te sientes un tanto asustada, un fuego se enciende dentro de ti. Es tu barrio: lo reconoces en el sonido, en el olor. Estás viendo a tus vecinos, los ves a todos, ellos por supuesto no te ven. ¡Así que tranquila!

Sigues caminando, recorriendo cada una de las calles del lugar hasta que encuentras la casa de tu infancia. La ves de frente... siente, sé consciente de lo que le pasa a tu cuerpo, a tu piel, a tu interior, a tus manos. ¿Qué sientes?

Llegas a la tercera puerta, esta la conoces bien. Sí, sé que sientes miedo, pero también sé que solo tú puedes rescatar a tu niña. **Entonces con el valor del hada dentro tuyo, con el valor de tu propia existencia y con mi acompañamiento, nada malo pasará.**

Abres la puerta lentamente y tu corazón agitado te dice que estás viva.

¿Qué ves? ¿A quién ves? ¿Quiénes están en esa casa? ¿Qué están haciendo mamá, papá, hermanas, hermanos, abuelas? Vas encontrando a cada una de las personas con las que has crecido.

Y de repente, te ves. Allí estás, pequeña niña.

Mírala. ¿Cómo está vestida? ¿Cómo está peinada? ¿Qué está haciendo?

Lentamente vas sintiendo y vas escuchando a esa niña. ¿Qué piensa? ¿Qué siente? ¿A qué le teme? ¿Qué la entristece? ¿Qué la asusta? ¿Que la divierte? ¿A qué le gusta jugar?

Acércate suavemente y dile: hola, llegué.

Te mira y de repente asoma una sonrisa en su rostro, se alivia y te toma la mano.

—Vamos a pasear juntas —le dices. Se acomoda su cabello, te toma de la mano más fuerte aún y asiente con la cabeza.

Comienzan a caminar juntas, bien agarraditas y eligen un lugar donde nada ni nadie las interrumpa.

Se sientan frente a frente, la miras con ternura y le dices:

—No temas, ya no estarás sola o desprotegida, nunca más. **Nada ni nadie tendrá el poder de dañarte porque he venido a decirte que siempre estaré contigo.** Ahora es tiempo de crecer, de seguir; la vida que viene es hermosa y en cada paso que des, me verás a tu lado.

Yo soy tú; tú eres yo.

El sol se está escondiendo.

—Es tiempo de regresar a casa. Una cosa más, escucha con mucha atención. Este bolso que te entrego es mágico. Guárdalo donde nadie lo pueda encontrar, solo tú.

—¿Para qué sirve? —te pregunta entusiasmada.

—Lo vas a descubrir. Tienes el poder de hacerlo, no lo dudes. Solo te digo que cuando algo te duela, te lastime, te rompa en mil pedazos, ábrelo... la magia hace magia.

Un interminable abrazo entre tú y tu pequeña niña ilumina la incipiente noche, y te quedas parada observando cómo se aleja corriendo, feliz con su bolso mágico aterciopelado. El mejor regalo para su infancia, tu infancia.

Magia, magia, magia. Aparecen nuevamente y de repente la puerta rubí, los pájaros, las mariposas, los árboles, la tierra humeante y el hada. Ahora ellos te acarician a ti y celebran tu valentía.

Tú recibes su afecto feliz, tu alma sonríe, tu mente está calma, tu cuerpo liviano.

Deslizas el picaporte de oro y la puerta se abre. Aquí estás de regreso a tu hogar de adulta; ya nada será igual. **Comienza un nuevo ciclo, un tiempo de regocijo, de placer y gozo, de sanación, trascendencia y transformación.**

Respira despacio. Siente tu cuerpo, siente cada parte y conecta nuevamente con el aquí y ahora.

A partir de este viaje sagrado tu niña sentirá paz, y tu adulta ¡libertad!

¡Celebro tu valor!

CAPÍTULO 30

Mamá, papá
Madre, padre

E s importante en este viaje comprender que mamá y papá no son lo mismo que padre y madre. Vamos a pensar juntas esta diferencia para dar un paso en nuestro camino de sanación y, para esto, nos valdremos de dos conceptos: ley natural y construcción social.

¿Cómo entender estos dos conceptos?

Por un lado, la ley natural es lo que no cambia en el tiempo, lo que es igual aquí o en cualquier parte del mundo. Las estaciones del año, por ejemplo, es decir primavera, otoño, invierno, verano significan lo mismo más allá del lugar en donde se manifiesten.

Por otro lado, la construcción social son todos los acuerdos colectivos que generan una norma, una regulación que, por supuesto, están sujetas al tiempo, a la historia y a la cultura. **Cuando no somos conscientes, vivimos los vínculos con nuestros padres desde la construcción social.** Le ponemos a mamá y papá atributos, formas, características, deberes que no son ni más ni menos que ideas generadoras de expectativas. Y desde ese lugar, vivimos y construimos vínculos.

Si decimos que la ley natural es lo que no cambia a pesar del paso del tiempo y de las diferentes culturas en el mundo, entonces ¿qué es mamá?

Mamá es una mujer que me dio el cincuenta por ciento de mi código genético y me llevó nueve meses en su vientre. Esa es la función de mamá desde la ley natural.

Todo lo demás es la construcción social en una época determinada. Queda desdibujada totalmente la ley natural bajo la construcción social de mamá.

Mamá debe cuidarme, darme abrazos, hablarme bien, reconocerme. Es decir, debe hacer y ser todo aquello que hayas construido desde la idea de mamá.

Se impone la idea y a partir de ahí la expectativa. Creer que mamá se tiene que comportar de determinada manera. La ley natural no cambia en el tiempo, siempre funciona igual y entender la ley natural es lo más elevado en conciencia. Nos permite abstraernos de todos los programas creados para funcionar en una familia, en una sociedad, en una institución. Desde la humanidad más errante, nos reconocemos, nos identificamos con las leyes, costumbres, tradiciones, formas, a lo largo de la historia y, desde allí, también, las observamos como testigos y como eslabones de un funcionamiento mayor que integra todo aquello que en ocasiones solemos pasar por alto. Formamos unidad con los animales, las estaciones, las plantas, los planetas, las galaxias. Somos eslabones perfectamente alineados en una *obra maravillosa*.

De esta manera resignificamos el concepto más puro y natural que hemos perdido de mamá.

Entonces, ahora nos preguntamos desde la ley natural: *¿mamá cumplió la función de mamá?* Sí, por supuesto, me dio el cincuenta por ciento de mi carga genética y me llevó nueve meses en su vientre. Esa es la función de mamá.

¿Qué es papá desde la ley natural?

Papá es un varón que me dio el cincuenta por ciento de mi código genético en forma de esperma. ¿Papá cumplió su función? Sí, por supuesto.

Papá da el esperma, biológicamente cumplió su función y también es una persona cultural, con sus reglas, en un tiempo.

Mamá anida biológicamente, cumplió su función y también es una persona cultural, con sus reglas, en un tiempo.

Puede que no hayan entonces cumplido con tus expectativas. Pero la función de mamá y papá está cumplida. Ambos estuvieron siempre presentes en el código genético, es decir, en la ley natural.

Tienes mamá y papá, eres hija, agradece por el código genético y asume que son personas culturales, temporales, limitados por su tiempo y espacio. *La mejor riqueza es el código genético que te dieron.*

Si elegimos sanar es necesario que cortemos las cadenas que nos oprimen y podamos recuperar conscientemente la función de mamá y papá como personas físicas con las que estamos ligadas cuerpo a cuerpo.

Ahora bien, en toda esta estructura quienes han tenido el poder desde el origen siempre han sido mamá y papá. Desde nuestra prematurez psíquica, mamá y papá eran los poderosos, los que sabían, los que podían frente a nosotros, niños carentes de poder.

Los padres nos retienen en ese lugar psíquico donde son ellos los que, en nombre del amor, y para nuestro bien, son los que saben.

Tenemos que hacernos de ese poder.

Hemos definido *mamá* y *papá*; ya estamos preparadas para comprender a *madre* y *padre*.

Padre y madre son construcciones, ideas que no están definidas en nosotras. Cuando definimos a la madre y al padre, nacemos como seres espirituales con la capacidad para construir la propia vida. Elegir, discernir, decir sí, decir no.

Padre y *madre* son arquetipos. Recordemos que un arquetipo es algo que en todas las culturas funciona igual y cumplen condiciones concretas.

¿Cuál es el arquetipo de *madre* y *padre*? ¿Qué patrón cumplen?

Padre marca la dirección, es la ley, lo que tienes que hacer. Quien no tiene al padre no tiene dirección, no tiene capacidad de decisión. No ejerce la soberanía de su vida. Cuando tienes al padre sabes lo que has de hacer, tienes tu propia ley. Marcas lo que has de construir con ética, principio y dirección.

El padre te indica el camino. Sin el padre como arquetipo, no sabes dónde dirigirte, no sabes decidir, no sabes discernir.

Madre como función y arquetipo te permite aceptar el lugar en el que estás. Asumes que es tu lugar, "estoy aquí por un motivo". Te permite abrazar el lugar, situación, cualquier cosa que estés viviendo: la asumes con conciencia (*no* significa que no tengas deseos, o te quedes estancada, significa que desde el sentido y conciencia no huirás, no escaparás, serás creativa).

Entonces padre y madre son ideas que nos permiten situarnos y dirigirnos a un lugar.

A partir de esta explicación, el siguiente paso es enlazar esa idea de madre a la tierra y de padre al sol.

Mamá y papá son biológicos, temporales y culturales. **Madre y padre son ideas omnipotentes y omnipresentes que, identificados en el sol y la tierra, los integras a tu existencia e integras**

el poder de ambos arquetipos para encarnar a la *hija*, dispuesta y preparada para asumir su poder, para elegir, para encarnar la libertad y la adultez real.

El-hijo, elige.

Estás lista para encarnar tu adultez.

Te ofrendo en la **página 309** un ritual sentido y profundo para romper el enlace entre mamá y madre, papá y padre. ¡Te acompaño desde lo más profundo de mi corazón!

CAPÍTULO 31

Poder personal, poder natural

¿**T**e suena la palabra *personaje*? ¿De dónde? A mí me remite al cine, a quien interpreta un papel y sigue un libreto creado por el director.

A ti, ¿a qué te suena?

A lo largo de mi vida me he descubierto siendo muchísimas veces el personaje perfecto del guion de otros.

Con mucho esfuerzo y bajo una absoluta ceguera he creído *ser* una hija obediente, una alumna destacada, una hermana paciente, una madre sin fallas, una esposa impecable, una psicóloga intachable. Durante muchos años me desangré para lograrlo, durante gran parte de mi vida construí mucho poder personal. Ese poder que reforzaba el personaje en mí, el poder para el afuera, para ser visto y formar parte de un colectivo con reglas y mandatos.

Envolví mi ser con el personaje, lo tapé, lo asfixié, lo silencié, lo anulé, *me perdí*.

Ese poder personal llenaba al ego, lo agrandaba, lo hacía sentir orgulloso, crecía sin parar, pero nunca parecía quedar satisfecho. ¡Cuánto esfuerzo!

—¡Bravo, bravo!

Aplausos por aquí, aplausos por allá. La actriz en mí era ovacionada cada vez que la función terminaba.

Cuando el personaje se tomaba un tiempo para descansar, un profundo dolor lleno de vacío me interpelaba con firme autoridad, aunque benevolente y compasivo. No entendía.

—¿Cómo puedo sentirme así si en todas las áreas de mi vida soy impecable? No entiendo, ¿qué me pasa? —repetía sin pausa en mi mente.

Durante muchos años jugué a la distraída. **No estaba lista para ver y hacerme cargo, aunque en lo más íntimo sabía que en ese personaje con poder desafiante, no estaba yo.** Pero tampoco sabía quién era yo y esto me aterraba más aún.

Elegí continuar por los caminos conocidos, por las sendas donde me era muy fácil brillar, por los senderos donde sabía exactamente cómo dejar contentos a los demás.

Y, como la vida es *mágica* y perfecta, un buen día mi *ser*, cansado de ser ignorado se puso firme y decidió *sacudirme*. Fue necesario que ese sacudón me dejara varias veces el cuerpo lesionado y, en ese cuerpo lesionado, fue mi cabeza la que no titubeó en inmolarse por la causa.

¡Es fantástico! (¡Atención! Solo hoy lo puedo ver así). Yo, psicóloga, pensante al cien por cien, racional, controladora, exigente, estudiosa, tenía mi cabeza completamente prendida fuego. Mi poder personal (el del personaje) estalló en mil pedazos. Ya no podía escuchar el dolor de nadie, no podía estudiar, no podía ser mamá, no podía ser amiga, no podía ser hija, no podía ser hermana, no podía ser esposa.

No podía *ser*.

Varios episodios tuvieron que advenir porque, por supuesto, me resistía, me negaba, no quería escucharme.

Hasta que un día vi claramente esa disputa entre mi personaje y mi ser. Y fue en el pico máximo del dolor, ya no físico sino del alma, en donde corrí el velo y me atreví a preguntar: ¿Quién soy?

Para mi sorpresa de mujer "perfecta" (así solían decirme en mi familia en forma de broma) no supe nada, no tenía la menor idea de cómo responder esa pregunta.

Mi vida se puso en silencio por vez primera, me asusté mucho, me sentí desnuda y vulnerable, perdida, sin dirección. No había alrededor ningún director que me susurrara la línea que continuaba en el guion. Pues no había guion.

¿Quién soy?

¿Quién he sido?

¿Quién quiero ser?

Días, noches, semanas, meses sin entender. Cuánta resistencia había creado en mí para negarle a mi alma castigada la oportunidad de hablarme.

Lentamente, llegó una tarde de verano en una playa solitaria, yo desahuciada y casi entregada, me descubrí jugando en la arena, armando objetos con las nubes, revolcándome en las olas bravas, sin pensar, porque ya estaba harta de hacerlo (eso lo había dejado claro el incendio mental) y apareció la magia... Allí apareció como una revelación divina a través de la pequeña hendija de un simple juego. Imágenes, sueños, colores, sensaciones; las podía oler, oír, ver, sentir. Brotaban y estallaban dentro de mí. Lo recuerdo como pequeños cristales dorados riendo a carcajadas.

Me vi en mi propio guion, en mi propia existencia, escribiendo, contando historias, ofrendándome tiempo individual, disfrutando con la naturaleza, integrando la magia y los símbolos con ética y honor. **Me vi creando, me vi atrevida a lo nuevo, me vi respetando mi tiempo, me vi viviendo en abundancia, reconociendo mi valor y reconociéndolo en los demás, me vi acompañando el despertar de otras almas.** Me vi en mi propia obra.

Y entonces, salí corriendo del mar y comencé a escribir. Fue tan fácil lo que durante años me pareció tan difícil. La mano escribía sola, instrumento físico de un alma extasiada y dichosa por haber sido habilitada.

Y así, con los últimos rayos del sol, el *poder natural*, lo natural en mí, comenzó a existir.

Mi poder natural no es ni más ni menos que el poder que le doy a mi ser más esencial. El poder que le doy a quien soy, a lo que vine a ser en este tiempo, en este espacio, en esta vida.

Entendí que mi personaje social al que le había dado tanto poder no debía desaparecer, sino que ya no era exclusivo ni excluyente. Lo puse al servicio de mi esencia, de mi identidad, de mi existencia, sin disputas ni contradicciones.

Hoy, ambos, forman parte de mi guion. Sí, de mi guion porque desde ese día en el mar, nadie más escribió por mí.

En la **página 311** te invito a ver tu *poder natural* y amigarlo con tu poder personal.
¡Con amor y magia, te acompaño!

CAPÍTULO 32

Recibir luz.
Dar luz.
¿Comprar luz?

S e ve que no alcanza.

Se ve que una vez más nos entrampamos.

Se ve que es tan efímero.

Se ve que por ahí no es.

Se ve que el espejismo color oro nos hizo creer que lo habíamos logrado.

¿Será que es más fácil de lo que hemos creído?

¿Será que está más cerca de lo que nos han enseñado?

¿Será que todo este tiempo hemos tenido el mapa patas para arriba?

No está en un viaje exótico por el Caribe.

No está en un trabajo nuevo.

No está en la cartera o el perfume del momento.

No está en el auto nuevo.

No está en la cuenta de *Instagram* con cien mil seguidores.

No, no y no. Definitivamente cada vez que creemos encontrar el tesoro luminoso, nos desplomamos y caemos frustradas, perdidas una vez más en el oscuro laberinto de las mil puertas.

Si has llegado hasta aquí, significa que estás lista para *ver* el mapa en su verdadera esencia. Un mapa inteligente que se deja ver solo cuando aparece alguien decidido a asumir su verdad, su *luz*.

Luz que se huele, que se toca, que se escucha, que se oye, que se ve.

Luz que se siente calentita y amorosa.

Luz que no huye.

Luz eterna.

Luz simple.

Luz tranquila.

Luz expansiva.

Siempre estuvo en el mismo lugar, nunca se fue. El problema ha sido que la buscabas afuera. El afuera ofrece miles de luces farsantes que, frente al primer ventarrón, se apagan.

Entonces *hermaga*, mujer valiente, vira la dirección de tu mirada y simplemente comienza a asumir la luz que estuvo pacientemente a tu lado todo este tiempo esperando que te atrevas a encarnarla.

Entonces *hermaga*, el primer acto será decir aquí y ahora, mientras me lees, no importa si estás en el bus o por dormirte en tu cama o en un recreo de tu trabajo.

Ya, ahora, es imperioso, endereza tu espalda, inspira profundamente, sonríe y repite junto a mí:

"Yo (di tu nombre) soy luz, siempre he sido luz, me dispongo a recibir la luz de la fuente de la que todos partimos y a expandir luz para mi evolución y la evolución de todos los que me rodean. ¡Dicho está!".

La luz comenzará a sentirse cada vez que inicies un nuevo día, tendrá olor a lluvia, a flor.

Sabrá a chocolate o a torta de vainilla. La escucharás en las risas de los niños mientras caminas por la plaza o en el canto de los árboles mientras abrazan al viento.

Tu luz sabrá a oportunidad, a fuerza, a resiliencia.

Tu luz se enamorará de cada luna nueva.

Tu luz danzará en tu cabello, besará tus labios perfectos, acariciará tu cuerpo sagrado.

Tu luz será la especia mágica mientras preparas tu mejor receta. Sabrá a amor.

Tu luz velará tus sueños y te llevará a viajar por el universo.

Tu luz iluminará tus ojos y ellos verán valor en todo y en todos.

Tu luz se hará enorme en cada sonrisa que ofrendes.

Tu luz crecerá en cada silencio consciente, en cada breve meditación que te regales.

Tu luz ahí está junto a ti. *Siempre.*

Tan simple, tan fácil, porque luz eres tú.

¡Bienvenida a la luz!

CAPÍTULO 33

Aquí y ahora

A llí están tres amigas paradas frente a un caudaloso río. En un movimiento sutil, van despojándose de sus ropas. En absoluto silencio. Cada una de ellas sabe que la desnudez forma parte del ritual sagrado.

El escenario es maravilloso: árboles, aves, flores, viento, sol tibio otoñal, animales curiosos y respetuosos apadrinan la ceremonia.

En perfecta alquimia, la desnudez de los cuerpos anticipa la desnudez del alma.

La pesadez de las distracciones mundanas está representada por un collar de piedras pesadas colocado suavemente alrededor del cuello de cada una de ellas. Cubren sus pies y sus manos con barro. Sus úteros y pechos con pétalos vibrantes. Sus cabellos libres conversan con el viento.

El abuelo Fuego, imponente, las protege en la incipiente noche.

Están listas, están convencidas. Se toman de las manos, la respiración marca el ritmo del despojo imaginario y simbólico.

El caudal del río, bravo y temerario, revuelto y feroz, las asusta un poco, pero no logra disuadirlas.

Allí están las tres amigas tomadas de las manos frente a un caudaloso río que trae infinidad de troncos alborotados. Cada uno de ellos pasa frente a las mujeres representando un sentido, una idea, un pensamiento, un pasado, un futuro cargado de emociones valientes. Le ponen nombre en silencio.

Miedo

Carencia

Soledad

Frustración

Culpa

Postergación

Celos

Envidia

Muerte

Ira

Obligaciones

Angustia

Reconocen cada uno de los troncos que pasan, les agradecen y permiten que sigan su curso.

Por momentos, alguna titubea o se inquieta por algún tronco en particular. Pero el amor y soporte de sus compañeras la trae nuevamente al aquí y ahora.

Allí están tres amigas desnudas tomadas de las manos, soltando la ansiedad del futuro, la nostalgia del ayer, integrando la grandeza del hoy.

La luna les quita suavemente el collar de piedras y les pone uno de estrellas.

La lluvia limpia sus manos y pies, los hidrata y los besa.

Allí están tres amigas libres, presentes aquí y ahora, soberanas de su existencia.

Allí están listas para regresar a sus vidas, transformadas, con un gran poder conquistado. Portan un collar de estrellas, flores, fuego y un río interno para que los troncos del día a día encuentren su cauce.

Todas nosotras en distintos momentos de la vida cargamos collares de piedras y, sin advertirlo, los llevamos casi con resignación.

* ¿Cuántas piedras tiene tu collar?
* ¿Qué representa cada una de las piedras en tu vida?
* ¿Cuánto te pesa?
* ¿Desde cuándo lo cargas?
* ¿Te lo has puesto tú o has permitido que te lo pongan otros y otras?
* ¿Portas collares que no te pertenecen solo para alivianarle el camino a otras personas?

Y en el camino de la sanación y transformación, tenemos la gran oportunidad de darles las gracias a estos collares pesados y, en un acto de absoluto valor, *nos los quitamos* del cuello. Es casi inexplicable trasmitir en palabras la sensación. ¡Me encantaría que lo experimentes tú misma!

Las piedras se esfuman suavemente dando lugar a las flores que tímidamente comienzan a abrirse. El collar de piedras se transformó en un collar de flores.

* ¿Qué representa cada flor en tu vida?
* ¿Cómo te dispones a cuidar cada eslabón?
* ¿Con quién eliges compartir esta transformación?

Gracias piedras pesadas, sigan su curso, las honro y agradezco su enseñanza. ¡Es tiempo que las flores acompañen mi andar!

Te invito a que realices el ejercicio de la **página 312** para vivir el aquí y ahora.

CAPÍTULO 34

El testigo despierto

L es voy a compartir uno de mis más poderosos recursos. Pero antes, es necesario que les cuente un poquito más de mi recorrido personal.

Durante gran parte de mi vida, he creído que mi mente era lo más valioso. Todo pasaba por esa "parte" sobrevalorada. Y desde allí, las experiencias, las decisiones, las elecciones, las relaciones y las emociones salían etiquetadas: bueno o malo, justo o injusto, lindo o feo, alegre o triste. Todo pasaba por esa tirana y estructurada jefa.

Esa parte de mí, que se volvía muchas veces rígida, me *exigía* que no le diera lugar a la fluidez. Otras veces era muy miedosa y me paralizaba. Construía escenarios catastróficos, aterradores, oscuros. Recuerdo que en esos momentos deseaba separar —literalmente— la cabeza del resto de mi cuerpo. Era insoportable convivir con ella.

La mente era mi enemiga cuando en verdad debería haber sido mi mejor y más compasiva amiga.

Durante años redoblaba la apuesta y más poder le otorgaba. Estudiaba carreras de grado, posgrados, maestrías y cursos sin descanso. Tanto tiempo le dedicaba que, por supuesto, poco espacio quedaba para escuchar al cuerpo; menos al alma, y mucho menos al espíritu.

Creaba pensamientos a toneladas, todos de una intensidad y fuerza impresionantes. Cuando ellos eran agradables, me sentía una diosa. Pero, el problema aparecía cuando no eran benevolentes. Tanto poder le había dado a mi mente que ya se había vuelto independiente de mí. No tenía ninguna autoridad sobre ella.

Me llegaba a *doler* tanto que solo recordarlo me da escalofríos.

Lágrimas, desesperación, frustración, abatimiento y desesperanza fueron algunas de las sensaciones que recuerdo en mi camino de sanación. No obstante, seguía, porque estaba convencida, en ese entonces aún y sin grandes herramientas, de que algo debía modificar en mí.

Un buen día, comencé a hablarle. Como si fuera otra persona.

—Hola mente, no soy tú, pero a la vez sí lo soy. Siento que estamos luchando, peleando, que somos enemigas. Reconozco tu valor, pero asumo que no he sabido hacer que trabajes a mi favor. Te propongo una tregua hasta que ambas estemos listas y hagamos las paces: cada vez que me sienta agraviada por ti, me convertiré en el *testigo* que observa.

—No estoy muy segura de lo que me propones —susurra la mente.

—Escucha atentamente, verás lo entusiasmada que acabarás con mi invitación. El *testigo despierto* es un ser imaginario con alas y ojos de cóndor para elevar la visión. Todo lo observa desde lo más alto de su vuelo, en su máxima expansión, no hay ni principio ni fin.

—No suena nada mal, cuéntame más.

—El *testigo despierto* es el gran observador. **No juzga, no elige, no se identifica con nada ni nadie, no le teme al vacío.** El silencio es su gran aliado.

—¿Silencio? Mmm qué raro suena eso —la mente se inquieta.

—Tranquila, el *testigo despierto* permitirá que puedas descansar, o ¿acaso no te sientes exhausta?

—Sí, debo ser sincera contigo: me siento muy cansada, pero se supone que no debo parar nunca —me confiesa.

—El *testigo* será el puente entre ambas para acercarnos amistosamente. Entonces, cada vez que seas obsesiva, estricta, exigente, cruel, imperativa, miedosa, ansiosa, insegura y me quieras parasitar con todo ese veneno, despertaré al testigo en mí y diré frente a cada uno de los pensamientos autoritarios: *"Yo no soy tú, soy el testigo que todo lo observa"*.

Despliego mis grandiosas alas, mi mirada se eleva, repito una y otra vez: *"Yo no soy tú, soy el testigo que todo lo observa"*. Me elevo cada vez un poco más. El silencio de las alturas me acaricia y regala mucha paz. Los pensamientos poderosos, lentamente, van cediendo su intensidad y se vuelven difusos, lejanos, pequeños.

—Pero no me dejarás sola, ¿verdad? ¿Qué haría sin ti?

—Tranquila. Es a través del vuelo silencioso que llegaremos al vacío de todos los pensamientos, y en ese vacío llegará la revelación, la idea, lo nuevo, la certeza, la luz. Cuando eso suceda ya no estaremos ni separadas ni enemistadas. Te convertirás en mi más fiel aliada y toda tu virtud será puesta a mi favor. Dejarás de boicotearme, dejaré de maldecirte. ¡Seremos imparables e inseparables!

—¡Acepto! —dice convencida la mente.

—Trato hecho. ¡Démosle juntas la bienvenida al *testigo despierto*!

Ve corriendo a la **página 313** que te espera un ritual-decreto para que despiertes a *tu testigo*.

CAPÍTULO 35

Templanza

¿A qué te suena la palabra *templanza*? **Hay palabras con tanto poder que su vibración dispara rayos lumínicos en diferentes direcciones.** En mi experiencia personal, como psicóloga y maga, la *templanza* es una de ellas. Te invito a activar esos rayos en tu propia existencia.

—¿Por qué tiene poder? Es solo una palabra más.

Será tal vez porque religiosos, maestros, filósofos, psicólogos y diversos pensadores a lo largo de la historia le han prestado particular atención, describiéndola todos ellos como una *virtud*.

Será tal vez porque ha trascendido creencias, volviéndose parte de diferentes religiones. Se ha manifestado más allá de las formas y las estructuras, posee un brillo especial, destacándose por sobre otras virtudes. Es *universal* y *atemporal*.

Será tal vez porque la *templanza* simplemente me conquistó.

Te ofrendo los rayos de luz que he encontrado en el enamoramiento con tan noble palabra. No tienen necesariamente que ser los tuyos, pero tal vez te sirva para descubrir los que resuenen contigo. ¡Aquí vamos!

* *Templanza* nos lleva al *templo*, espacio sagrado interior calmo, pacífico, silencioso. Crea tu *templo*.

* *Templanza* nos abraza con la *temperatura* ideal, donde podemos sentirnos cómodas, abrazadas y seguras. Identifica lo que te enciende y dispara tu ira. Identifica lo que te congela y paraliza.

* *Templanza, tiempo* lineal lleno de contrastes que demanda la desafiante tarea de transformarlo en espacio temporal circular lleno de balance, integración, adaptación y movimiento.

Integrar la *templanza* a la vida diaria es uno de los hábitos necesarios sobre los que deberás trabajar para sanar, para vivir mejor, para aumentar tu amor propio, para develar tus deseos y para consolidar la adaptación en un mundo en permanente cambio y movimiento.

En la **página 313**
te espera un gran desafío.

CAPÍTULO 36

Deseo

Deseo, ¿quién eres?

Desde el origen soy parte de la vida, aunque muchas veces no logres verme.

Pulso embravecido que construye los caminos creativos.

Tengo el poder de transformarme una y mil veces.

Volver a empezar con la misma fuerza es una de mis nobles virtudes.

Gracias a mí, la muerte parece un poco más lejana.

Juego en el equipo de Eros (vida: alegría, movimiento, fuerza, motivación, creatividad) dando siempre batalla al equipo de *Thanatos* (muerte: angustia, autolesión, depresión).

Insisto en mostrarte el valor del proceso por sobre el del resultado.

Deseo, ¿dónde estás que no te encuentro?

Estoy escondido detrás de tu comodidad cotidiana, estéril y repetitiva.

Estoy en el recuerdo de tus juegos de niña.

Estoy en tus sueños de adolescente.

Estoy en los cosquilleos que sientes en tu cuerpo cada vez que tienes una nueva idea.

Estoy cada vez que te emocionas cuando fantaseas.

Estoy esperándote, *siempre*.

Deseo, ¿por qué desear y ponerme en marcha me provoca dolor?

Llegamos a un mundo de dolor desde que nacemos.

Pero también llegamos a un mundo de palabras, para ponerle nombre al dolor. Llegamos a un mundo donde hay muchos otros dispuestos a escuchar nuestra angustia y hacerla más tolerable.

Debes aceptar que el dolor es parte del viaje. Aceptarlo es necesario.

Entonces ¿será que debo hacerme responsable de ti?

Sí, sí, sí.

Aquí estoy, esperando a que te animes.

Tienes que estar advertida: podrán decirte que te has vuelto loca o que no eres la de siempre, verás las expresiones de desacreditación en muchas personas que amas y que te aman.

Intentarán robarte las expectativas.

También serás tu propia ladrona que pretenderá regresarte a la cómoda y conocida vida anterior.

En fin, puedo ser muy incómodo al principio, pero te garantizo que no existe experiencia más *plena, gratificante, liberadora* y *auténtica* en esta vida que pasar un buen rato conmigo.

Te espero en la **página 314** para conocernos mejor.

Quien suscribe, el *deseo*.

CAPÍTULO 37

Conciencia

S i has llegado hasta aquí en la lectura es porque vas perdiendo el miedo poco a poco. Lo siento, lo percibo. Has transitado tus zonas más oscuras y dolorosas con arrojo y honor.

¿Te has dado cuenta de tu recorrido?

¡Celebro tus pasos! Demos algunos más. Te acompaño amorosamente.

El que te propongo en este capítulo es el de la *conciencia*. Es tiempo de encarnarla. Pero antes debemos comprender su significado.

¿Qué significa *ser consciente*?

No sigas leyendo. ¡Detente! ¿Qué significa para ti? ¿En qué circunstancias usas esta palabra? ¿Para referirte a qué o a quién?

Ahora te contaré cómo usaremos la *conciencia* en este proceso de transformación y sanación. Verás que en algún momento de tu vida has pasado por aquí. Tal vez sin ser *consciente* de tu *conciencia*. Te lo voy a explicar de la manera que más disfruto hacerlo. Espero que te guste, te sirva y te ayude.

¿Soy quién deseo ser? o ¿Soy quién esperan que sea?

¿Vivo la vida que elijo? o ¿Vivo la vida que me toca?

¿Quién soy si me despojo de culpas, carencias, virtudes, propósitos?

¿Quién no soy?

¿Qué me falta? ¿Qué me sobra para ser quién deseo ser?

Para encarnar la *conciencia* lo mejor que puedes hacer es buenas preguntas.

—Estoy llena de preguntas desde hace muchos años, pero me faltan las respuestas.

Entiendo que necesites respuestas, pero en este momento intenta ser paciente. Las respuestas llegan cuando estamos preparadas para escuchar.

Hoy le daremos valor a las preguntas y las usaremos a nuestro favor. Las buenas preguntas hacen de brújula, constituyen nuestro norte guiándonos en medio de tinieblas.

Cuando somos *conscientes* logramos darnos cuenta verdaderamente de lo que estamos haciendo. Corremos los velos de nuestra vida para animarnos a *ver* con claridad.

Esto genera pavor porque al comienzo *vernos, develarnos* en la verdad más íntima puede impactarnos, paralizarnos, angustiarnos, llenarnos de miedo u odio.

Debo decirte que pasar por esta instancia es inevitable, porque nada se transforma si no se reconoce primero.

Cuando somos *conscientes* podemos ver, por ejemplo, que nos hemos convertido en el personaje de nuestra propia historia o tal vez de la historia de otro. Puedes descubrir que has creído ser toda tu vida una excelente profesora, pero ¿eres solamente eso? ¿Tu profesión ha sido una decisión auténtica o ha sido lo que has podido en un momento determinado? O quizás fue tu padre quien tuvo el deseo de tener una hija docente.

Si sales del personaje y te preguntas quién eres, ¿qué crees que te suceda?

Lo sé, una sensación helada está recorriendo tu cuerpo. Tranquila, irá pasando y lentamente encontrarás el sentido a semejante revuelo.

Todo se ha puesto patas para arriba, en completo desorden. Hay angustia, ansiedad, dudas, incertidumbre. Las preguntas desbordan y cada vez aparecen más. ¡Qué incomodidad!

Tomaremos todo eso en una maleta imaginaria para estar en *soledad* y nos alejaremos de las palabras que aturden, de las personas que opinan, de las voces que llenan espacio.

En *soledad* nos dispondremos a conectar con nuestro alborotado interior, sin más que estar en paz, en silencio y desde allí *observarnos* con el testigo despierto, con amor, con compasión para evaluarnos en cada una de nuestras partes, en cada una de nuestras acciones. Sin juicio, sin castigo.

Poco a poco, el bullicio mental irá mermando, las preguntas traerán las primeras respuestas y con ellas las primeras sensaciones de armonía y paz. Donde solo había preguntas, ahora hay *conciencia* y donde hay *conciencia* hay un nuevo camino por transitar.

¡Bienvenida!

Te invito a *ser consciente*. En la **página 315** te espero con un ritual fantástico.

CAPÍTULO 38

Coherencia

Elévate, despliega tus alas.
Vuela alto, bien alto.
Deja que el viento te lleve a pasear,
Que el sol te abrigue,
Que las nubes te acaricien,
Que los pájaros te enseñen su danza.
Diviértete,
Ríete,
Vuela aún más alto.
Descubre las montañas, arroyos, campos, playas, lagos, mares,
glaciares, volcanes, pirámides, flores.
No hay límites,
No hay fin,
En tu vuelo, en tu magia todo es posible.
Vuela, despliega tus alas.
Juega,
Sorpréndete.
Mézclate con las distintas culturas.
Medita en la India,
Baila en España,
Cabalga en Argentina,
Haz rituales de magia en Escocia.
Descubre símbolos.

Desde las alturas la perspectiva cambia.

Ya no ves objetos, ves símbolos en ellos.

Te hablan, te traen mensajes.

Se siente tan divertido.

Los recibes porque ya no temes.

Los abrazas porque eres consciente.

Vuela, despliega tus alas.

En las alturas todo se encuentra en perfecta sincronicidad y *coherencia*.

Todo funciona en armonía.

En ese preciso momento te reconoces parte de esa inmensidad.

Deseas estar en perfecta coherencia.

Sentir,

Pensar,

Decir,

Hacer,

Se enlazan.

Tu conciencia los alinea.

Tus incoherencias ceden poder,

Porque en ese vuelo pacífico

Te permites ser sincera e impecable.

Te ves.

Te ves.

Te ves.

Si te descubres siendo amor,

Entonces siente amor,

Piensa amor,

Habla amor,

Crea amor.

Si te descubres siendo abundancia,

Entonces siente abundancia,

Piensa abundancia,

Habla abundancia,

Crea abundancia.

Si te descubres siendo valiosa,

Entonces siente valor,

Piensa valor,

Habla valor,

Crea valor.

Y en un excelso vuelo,

Regresa a tu vida diaria,

Coherente, consciente.

Tú.

CAPÍTULO 39

Valor

—¿Cuánto cuesta? —pregunta Camila, una joven estudiante universitaria, mientras se mira al espejo en una tienda de ropa.

Le encanta cómo se ve en ese vestido color azul noche aterciopelado. Sola en el vestidor se mira de un lado, del otro, se da la vuelta, sonríe, se gusta.

—¿Cómo te sienta el vestido? —interrumpe la voz de la vendedora.

—Muy bien, gracias, ya salgo. —Camila despierta de su fantasía, se quita el vestido rapidito, se pone sus pantalones raídos, su camiseta, sus zapatillas gastadas y sale del vestidor.

Devuelve el vestido con un halo de frustración en su mirada. —Gracias, me resulta muy costoso, no puedo comprarlo. —Lentamente sale caminando, pensativa, en silencio.

Camila trabaja muchas horas en una lavandería de ropa en el centro de la ciudad. El dinero que gana apenas le alcanza para mantenerse. Por las noches estudia Arquitectura. Sueña con ser una exitosa profesional en algún momento.

Sus días pasan volando. Corre del trabajo a la universidad, de la universidad a su habitación, casi sin fuerzas, come algo mientras dibuja bocetos, resuelve ejercicios, lee libros.

Rendida, se recuesta en la cama mirando el reloj que le muestra brutalmente las pocas horas de sueño que tiene para intentar recuperarse.

Resopla abatida y apaga la lámpara de noche. Cruza las manos sobre su pecho —si no lo hace no puede dormir— y se dispone a contemplar las estrellas de pegatina fluorescentes que colocó en el techo para recordarse a sí misma que el universo es infinito, bello, apacible y, sobre todo, *brillante*.

Una suave brisa se cuela por los agujeros de la ventana añeja y oxidada. La envuelve, la embriaga mientras un zumbido en su oído derecho la transporta a un sueño profundo y misterioso.

Un túnel de luces psicodélicas la sorprenden, la despiertan.

—¿Estoy durmiendo? ¿Estoy despierta? ¡Se siente tan real! No me importa si es un sueño; es hermoso y no tengo ninguna intención de despertar. Sea lo que sea, me siento en paz. ¿Dónde estoy? —Atónita, se descubre caminando en un campo repleto de flores color turquesa. Jamás había visto una flor con semejante brillo y aroma a miel.

De repente ve tres cubos. Parecen casas, pero no son casas. La puerta del primer cubo se abre, como invitándola a entrar. Desconfiada, se acerca y descubre a muchas mujeres de cabellos largos sentadas en círculo.

Cada una de ellas sostiene sobre su regazo una gran piedra pesada, áspera, sucia. Con mucho amor y paciencia, mientras la mujer más anciana recita un mantra hermosísimo, lavan, pulen, quitan capas de costra de esas piedras. Se las ve felices.

—¿Qué hacen? No entiendo, es solo una piedra sucia, ¿qué creen que van a lograr? —se inquieta Camila.

Las mujeres le sonríen tiernamente y siguen su tarea.

Camila, desconcertada, decide entrar al siguiente cubo. Aún más desconfiada, entra lentamente. Para su sorpresa, están las mismas mujeres de cabellos largos, todas vestidas con ropas de terciopelo dorado, sus cabellos con largas trenzas brillan, cantan y danzan sobre tierra húmeda. La tierra se mueve, como si ella también quisiera danzar. Y claro que danza. De repente, Camila queda atónita observando cómo brotan de la tierra monedas de oro, flores de colores que jamás había visto, vegetales de todos los tamaños, árboles que en cuestión de segundos eran altísimos y llenos de frutos. Las mujeres nuevamente le sonríen y continúan disfrutando.

—Sin dudas esto es un sueño —murmura Camila, mientras se aleja, cerrando la puerta.

¿Qué le deparará el último de los cubos?

Más intrigada que desconfiada, abre abruptamente la puerta. Ya no tan sorprendida, ve una vez más a las mismas mujeres de cabellos largos. No hay ni piedras, ni monedas de oro, ni árboles gigantes. Un escalofrío recorre el cuerpo de Camila. Se ubica en un rinconcito para no interrumpir algo que parece ser una especie de ceremonia.

Cada mujer está ensimismada, meciéndose a sí misma como si acunara a un bebé recién nacido, con tanto amor y compasión que Camila tiene el impulso de hacer lo mismo. Se sienta a continuación de la más anciana y simplemente se deja llevar por su alma.

La mujer anciana y sabia inicia sus cantos mientras que todas las mujeres se mecen tiernamente. De sus ombligos crece un cordón que se eleva lentamente hasta suspenderse por sobre sus cabezas. Un globo transparente deja ver el aquí y ahora de cada una de las mujeres en la tierra.

Escenas diversas, dolientes, angustiantes, pasajes del hoy, aquí y ahora:

El entierro de un hijo.

Sesión de quimioterapia.

Brutal golpiza del marido.

Violación.

Pérdida de trabajo.

Crianza de hijos e hijas en soledad.

Camila también se ve en su aquí y ahora. Se abraza emocionada. Su globo la muestra en la cama de su habitación, dormida, vestida, despeinada, sola. Sus papeles de la universidad desparramados por el suelo. **Ve su cansancio, su carencia, su falta de amor, sus sueños, sus miedos, su abatimiento.** Se abraza con más fuerza aún mientras irrumpe un zumbido en el oído derecho.

Abre los ojos despacio, como si no quisiera despertar; mejor dicho, como si no quisiera separarse de las mujeres. Las estrellas de pegatina en su techo le cuentan que está de regreso en su habitación. Sus brazos la rodean amorosamente y sobre su almohada un pétalo turquesa brillante le hace esbozar una suspicaz sonrisa.

Al día siguiente, vuelve al vestidor de la tienda y observa nuevamente su figura en el vestido color azul noche aterciopelado. Se gusta. Llama a la vendedora, pero esta vez modifica la pregunta.

—¿Cuánto *vale*? ¡Me lo llevo!

En su sueño o en su otra realidad (¿quién se atrevería a afirmar que soñar no es parte de la realidad?) Camila comprendió que su vida estaba llena de costo, sacrificio y densidad.

Entendió que ya era tiempo de valorizar absolutamente todo, incluyendo los factores externos que llegan como limitación.

Comprendió que pulir su realidad está en sus manos. Puede estar cubierta de dolor, de enojos, de insatisfacción, de postergación, pero con amor, disciplina y decisión podrá ser transformada en un gran diamante.

Descubrió que no hay nada en la vida que no pueda lograr si no se dispone a vivir expandiendo sus virtudes, sus habilidades, identificando sus dones. La riqueza primero crece dentro para luego crecer fuera.

Comprendió que cuando vives desde el valor, en vez de castigarte, culparte, anularte, entregarte, maltratarte, solo quieres abrazarte y disponerte a vivir tu aquí y ahora con amor y compasión para volver a transformar.

Con su nuevo vestido puesto, Camila, susurra su nueva melodía.

Un sueño,

mujeres de cabellos largos,

tres cubos,

tres aprendizajes.

Transformo, expando, me abrazo

y

vuelvo a comenzar.

¡Te esperamos junto a Camila, en la **página 316** en un ritual imperdible!

CAPÍTULO 40

Mérito

i no los reconoces, no existen.
¿Cuáles son tus méritos?

Espera, antes de responderme considero importante que nos preguntemos, ¿qué es un mérito? Deja de leer unos segundos, cierra los ojos y dite a ti misma una definición, la primera que aparezca. Ahora escríbela en el renglón que te dejo a continuación para que quede sellada y poco a poco continuemos transformándonos.

Un mérito es _____

Qué placentero se siente mezclar nuestras palabras, palabras creadoras de caminos de sanación.

Retomemos.

Si leemos lo que escribe la RAE (Real Academia Española) podemos ver que mérito es:

"Acción o conducta que hace a una persona digna de premio o alabanza".

"Derecho a reconocimiento, alabanza, etc., debido a las acciones o cualidades de una persona".

"Valor o importancia de una persona o de una cosa".

Les comparto mi definición de mérito, creada *a posteriori* de mi propio camino de sanación. Debo decirles que durante muchos años no tenía conciencia de su existencia en mi existencia. Los sabía ver en todo los demás, pero no sabía reconocerlos en mí.

"Todas las cualidades reconocidas, identificadas, asumidas, encarnadas, que aportan valor a mi existencia y con las que construyo la realidad que deseo construir".

Un mérito que no se reconoce, no existe, no está, no es, no sirve. Es como una máquina desenchufada, no funciona.

Debemos entender que la palabra cuando nombra *crea* (ya hemos hablado sobre el valor de la palabra en capítulos anteriores).

Si te sientes perdida porque has pasado mucho tiempo sin reconocerlos, aquí va un ejemplo.

Supongamos que tienes el propósito de crear buena salud en tu vida y, para eso, decides iniciar una actividad física: correr. Nunca antes habías corrido, por ende, no sabes hacerlo. Pues bien, te preparas, te calzas tus zapatos deportivos y comienzas a correr. En la primera salida logras correr 300 metros de manera lenta y sofocante. Al terminar, tu mente te dice: "Eso es muy poco, no vas a poder, tendrías que haber corrido un kilómetro al menos". Así pueden seguir un millón de frases similares.

Por supuesto, tu sensación lejos de ser de triunfo es de frustración. Y así, del entusiasmo inicial pasas sin escala a la tristeza y al desgano.

Pero si tuvieras en tu existencia el hábito de reconocer tus méritos, la historia sería algo así: te preparas, te calzas tus zapatos deportivos, comienzas a correr. En la primera salida logras correr 300 metros de manera lenta y sofocante. Al terminar, tu mente te dice: "Muy bien, has logrado salir del sedentarismo, te has esforzado un montón, has cumplido con tu palabra de comenzar a ejercitar, tu cuerpo hoy se sentirá más vital que ayer".

Reconozco en mí el mérito de la coherencia. Lo que dije, lo hice. Reconozco en mí el mérito de la valentía al hacer algo nuevo y desafiante. Me reconozco creadora de estos méritos y me comprometo a expandirlos y transformarlos en crédito y, así, dirigirme hacia mi propósito.

¿Puedes ver la diferencia?

El mérito es un hábito necesario para sanar, para crear y para transformar tu vida. Reconocerlo, nombrarlo y encarnarlo serán las acciones que, a partir de hoy, si tú lo deseas, tendrán un lugar destacado en tu existencia.

Si los reconoces, existen.

Si existen, empoderan.

Si empoderan, transforman.

Ve corriendo a la **página 317**.
El ritual que tengo preparado ¡te encantará!

CAPÍTULO 41

Discernir

H ola *hermagas*, mujeres valiosas y únicas, en las próximas líneas les presento un concepto que considero fundamental para integrar. Es el momento preciso para hacerlo ya que el reciente ritual de los méritos debe haber creado una burbuja sutil de poder y fortaleza.

Discernir, ¿qué es y para qué lo necesitamos en este proceso?

Discernir

Distingue lo que sí y lo que no para tu vida.

Di sí cuando elijas que sea sí.

Di no cuando elijas que sea no.

Discernir

Tómate un tiempo para tener fundamentos, no tanto para explicárselos a los demás sino para que tu sentir, tu pensar y tu accionar se alineen sin incoherencias ni culpas. Subrayo *culpas*.

Discernir

Eres adulta, has crecido. Ya no es necesario hacer lo que dice mamá o seguir las leyes de papá. Crea tus propios programas, sé impecable y honesta contigo misma.

Discernir

Regálate la experiencia vibrante que se siente cuando te haces responsable de tu deseo y deja de lado a aquellos pertenecientes a otros —deseos que intentaste hacer propios únicamente para ser mirada, amada, aceptada—.

Discernir

Crece, toma las riendas de tu vida y establece la dirección.

Discernir

Suelta lo que no te pertenece.

Cuando eres capaz de discernir, asumes que nada ni nadie regula ni regulará nunca más tu vida, solo tú.

Cuando eres capaz de discernir, asumes la plena soberanía de tu existencia.

Cuando eres capaz de discernir, la sensación de libertad irrumpe envalentonada, suntuosa, magnánima.

Cuando eres capaz de discernir, no debes ni te deben.

Cuando eres capaz de discernir, tu alma sonríe porque al fin fue escuchada.

Discierne. ¡Eres soberana!

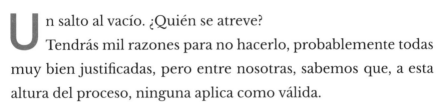

CAPÍTULO 42

Osadía

U n salto al vacío. ¿Quién se atreve?

Tendrás mil razones para no hacerlo, probablemente todas muy bien justificadas, pero entre nosotras, sabemos que, a esta altura del proceso, ninguna aplica como válida.

Cosquillas adrenalínicas acarician tu cuerpo por fuera y mucho más por dentro.

Salto vacío de garantías, vacío de saber, vacío de control, vacío de anticipación, vacío de certezas.

Salto lleno de silencio, lleno de posibilidades, lleno de sorpresas, lleno de novedades, lleno de desafíos, lleno de sabiduría (sabiduría de sabor, no de saber).

Llénate de *osadía* para que te acompañe durante la aventura de embarcarte en el viaje de tus sueños.

Llénate de *osadía*, genera con conciencia la acción que se sostiene en la fuerza de tu deseo.

Llénate de *osadía*, atrévete a desafiar las olas de lo incierto, aun sabiendo que puede no salir como lo esperas.

Llénate de *osadía*, encarna la audacia de quien reconoce la fe en sus virtudes, en su fuerza, en su valor, en su libre albedrío.

Llénate de *osadía*, experimenta fluidamente la inmensidad de emociones que llegarán.

Llénate de *osadía* para que el error (inevitable y necesario) tenga sabor a evolución y aprendizaje.

Un salto al vacío. ¿Quién se atreve?

Ya no tan vacío.

Ya no tan temible.

Ya no tan imposible.

Un salto donde te vacías de lo viejo para llenarte de lo nuevo.

¿Quién se atreve?

CAPÍTULO 43

Ritmo

Una pluma blanca inmaculada roza tu hombro, tan sutil y delicadamente que apenas la sientes. Acaricia tu pecho mientras una leve brisa la eleva hasta tu nariz y es recién allí donde la descubres.

Como si fueras una niña, la soplas y la elevas aún más alto. Estiras los brazos, la acaricias con tus manos, la observas en sus alegres giros, sonríes tiernamente, caminas a la par de su danza.

De repente, la pierdes de vista. La buscas en el cielo sin encontrarla, pero sí descubres el baile de los árboles. Te sorprendes porque nunca antes los habías visto realmente.

Te paras junto al árbol más juguetón y, en un intento de tímida imitación, tu cuerpo comienza a moverse a la par.

Tu cuerpo almidonado, lleno de *no* —de no se debe, de vergüenza, de rigidez— se atreve a dar los primeros movimientos.

Las manos dan el inicio acariciando tu cuerpo en una especie de habilitación y permiso. Se suman los pies inquietos, las piernas, las caderas, los pechos, la cabeza, la espalda; tus ojos se cierran deliberadamente y en una alquimia bellísima, te zambulles en el *ritmo* que nace en tu interior.

Al cabo de unos minutos y en perfecta sincronicidad con el ritmo del árbol elegido, tu cuerpo suelta completamente la rigidez que lo mantenía preso y moribundo.

Sientes la libertad en el movimiento, danzas para ti misma, para reconocerte, para gozar, para expandir tu energía sexual contenida y atrapada. Tus sentidos despiertan, te despiertan.

Te mueves,

A tu tiempo,

A tu gusto,

A tu ritmo.

Y justo en el momento de mayor satisfacción, sientes en tu hombro una caricia, sonríes pícaramente porque esta vez no hace falta verla, esta vez la verdadera conexión con tu cuerpo pudo reconocer aun con los ojos cerrados las nuevas caricias de la pluma blanca.

Bailemos mujeres *hermagas*, acariciemos nuestro cuerpo tan castigado, frente al espejo, en soledad o en grupo, con música o en silencio, aunque con vergüenza, pudor o rechazo al comienzo. Descubramos el ritmo que susurra en nuestro interior. **Un cuerpo que permanece rígido, oxidado, doliente, quieto seguirá siendo la mayor cárcel para nuestra alma.**

Ya tienes la osadía contigo. *¡Atrévete!* Te acompaño.

CAPÍTULO 44

Confía

En la primera parte de este libro reconociste los miedos, los asumiste como parte necesaria en tu camino evolutivo. Ahora es tiempo de trascenderlos. ¿Estás lista?

Deberás estar atenta a todas las trampas y perezas que intenten distraerte. Deberás estar dispuesta a ser constante llueva, nieve o truene. ¡No es tiempo para excusas ni peros! ¡Confío en ti!

Llevarás contigo una serie de palabras mágicas y amuletos de poder. Te los ofrendo de existencia a existencia. Hace un buen tiempo, un maestro me los obsequió generosamente y, desde entonces, los entrego con amor a quien se atreve a hacerse cargo de su vida. Me gustaría que sigan circulando y lleguen a quienes desean sanar y ser más felices. Si te sirven, si te conmueven, puedes ofrendarlos de corazón a corazón. ¡Aquí vamos!

—Hola miedo...

La mayoría de las veces eres una creación de mi mente. No soy tú.

Gracias a ti me he dado cuenta de que me falta confianza y seguridad. De aquí en más, son valores que integraré día a día.

No estoy sola, formo parte de un plan mayor. Todo lo que sucede es perfecto y tiene una razón de ser. Me comprometo a darle sentido a cada experiencia de mi vida.

Ya no necesito controlar todo y todo el tiempo para estar en paz. Estoy en paz, confío en mí y en mi poder interior, en mi poder divino alineado con la unidad creadora (puedes ponerle el nombre que sientas afín en tu vida: Dios, Buda, Krishna, Jesús, etc.) más allá de las circunstancias.

Gracias a ti, me he dado cuenta de lo importante que es amar mi vida, mi cuerpo, mi ser. Cuanto más me amo, más confío. **Cuanto más confío, más disfruto.** Cuanto más disfruto, más bendiciones expando y recibo. Cuantas más bendiciones expando y recibo, menos lugar queda para ti.

Cuando llegas, ya no me asustas tanto. Hago una pausa y respiro conscientemente. Respirar es mi gran aliado. Logro mirarte sin paralizarme ni huir. Mi cuerpo se serena, mis emociones se equilibran, mi mente se apacigua. Te retiras en silencio, como las nubes en el cielo.

Gracias por intentar cuidarme y protegerme. Sé identificar cuando eres real, cuando llegas porque hay un peligro inminente. Y sé cuándo el peligro es creado por mi mente.

—Hola miedo...

Traigo conmigo una piedra para recordarme a mí misma que la tierra me sostiene incondicionalmente, esté donde esté. Camino segura. Gracias Madre Tierra.

Traigo conmigo un cristal en forma de gota, para recordarme a mí misma el poder de fluidez que me da el agua cuando me siento paralizada.

Traigo conmigo un cristal rojo, para recordarme a mí misma el poder del fuego, mi fuerza interior.

Traigo conmigo una pluma, para recordarme a mí misma el poder de elevarme junto al aire y ver desde lo alto sin identificarme ni apegarme a la densidad del mundo físico y terrenal.

Miedo, cuántos años de mi vida te he tenido miedo. Cuánto tiempo huyendo de ti. **En este camino de evolución y sanación que he emprendido, descubro que siempre has estado para que pueda *verme*.** Gracias

Te espero en la **página 318**.
¡No más miedos que paralicen!

CAPÍTULO 45

Te libero, me libero

Te libero de cargar con mis carencias.

Me libero de cargar con las tuyas y así desnudos de deudas ajenas lograremos fusionarnos *libres, errantes, vivos*.

Te libero de sanarme, de salvarme.

Me libero de sanarte, de salvarte y así libres de quimeras, aceptaremos los desafíos de la individualidad en el andar.

Te libero de hacerme feliz.

Me libero de hacerte feliz y así libres de tareas titánicas, nos dispondremos a saborear los pequeños momentos.

Te libero de la ardua tarea de completarme.

Me libero de la ardua tarea de completarte y así con el vacío más escalofriante resonando dentro, nos miraremos cómplices en silencio y con respeto.

Te libero de ir tras mi deseo.

Me libero de ir tras tu deseo y así desprendidos de deseos ajenos, nos entregaremos al éxtasis de la conquista por los sueños individuales, encontrándonos algunos ratos, separándonos algunos otros.

Te libero.

Me libero.

Y desde la libertad más virtuosa, seremos capaces de mezclarnos sin desaparecer, de fusionarnos sin perdernos, de ser nosotros sin dejar de ser tú, yo.

Te libero.
Me libero.
Dicho está.

CAPÍTULO 46

Mi aliado, el error.
Resignificación del fracaso

E n el país *sin errores*, todo era perfecto. No existían los imponderables. Cada acción estaba fielmente ligada a un resultado previsible, anticipable y cien por ciento exacto. No había sorpresas, tampoco nuevas ideas.

Sus pobladores se despertaban cada mañana sabiendo de antemano cuáles y cómo serían sus próximos pasos hasta llegar a la noche.

Vivían la vida sin exaltaciones, no conocían la ansiedad ni el miedo o la inseguridad. Tampoco habían experimentado la creatividad, por lo tanto, no conocían ni la música ni el teatro ni la pintura ni la danza ni sabores exóticos en la comida; obviamente no sabían lo que era el helado. ¿Pueden creerlo?

En el país *sin errores*, sus habitantes vivían tranquilos. Cuando un nuevo ser nacía, se le entregaba un libro titulado "Tu vida sin errores". En ese libro se detallaba todo lo necesario para vivir perfectamente y sin equivocaciones. Un paso a paso minucioso. Los pobladores desde el origen del país siguieron rigurosamente las indicaciones del libro. No cabía la posibilidad de no hacerlo. Hasta que —sí, siempre hay un "hasta que…" incluso en el país *sin errores*— …

... hasta que nació una niña diferente. De bebé lloraba más de lo habitual, no le gustaba la comida que preparaba su padre, dormía de día, se despertaba de noche.

Sus padres, preocupados, advertían que de lo que decía en el libro para ella, nada de eso sucedía. No entendían, comenzaron a sentir algo raro jamás experimentado: *desconocimiento*. No se lo decían a nadie, ¿cómo decirlo? Ni siquiera ellos entendían.

Enya, así la nombraron al nacer, fue creciendo, diferente. A los seis años, sus padres la descubrieron empapelando las paredes de su habitación con las hojas del libro "Tu vida sin errores". No solo eso, sino que había dibujado un gran sol sobre las hojas. Por supuesto, la regañaron, lo cual era algo también nuevo e inusual. Así apareció la *angustia*, un sentimiento también desconocido para ellos.

Enya se sentía muy sola, diferente al resto. Ningún niño, ninguna niña quería jugar con ella. "¿Y si era contagioso?" decían los padres de los niños en la escuela. Tampoco le interesaban los juegos que todos jugaban. Se *aburría*. ¿Qué es eso? Otra emoción desconocida en el país. En el colegio, no sabían qué hacer con Enya.

Ser diferente en un país de iguales era *terrible, inimaginable, impensable*.

Enya fue haciéndose adolescente. Pasaba horas en la playa, caminaba, unía los sonidos de la naturaleza en su mente, dibujaba sobre la arena, tenía una voz angelical, tarareaba melodías, fantaseaba, soñaba, bailaba, corría, lloraba, reía, se cortaba el cabello cortito, pintaba sus prendas de vestir, desarmaba objetos para armar otros. Experimentaba, probaba, creaba, se enojaba y gritaba cuando algo no le salía. Algunas de sus ideas eran brillantes, otras frustrantes; se entristecía y luego se entusiasmaba nuevamente. Claramente Enya era diferente al resto.

Qué revuelo había en el país *sin errores*.

Un buen día, mientras Enya se divertía en la playa rodeada de animales, de plantas, de colores, de herramientas, de instrumentos, de libertad, pasó algo que cambiaría al país *sin errores* para siempre.

Tímidamente, se asomaron por los médanos un grupo de jóvenes mujeres y varones. Enya, acostumbrada a la mirada hostil y desacreditante de todos ellos, detuvo su baile y canto, se refugió detrás de los quince perros que la custodiaban, quieta y en silencio, temblorosa y aterrada, se dispuso a escuchar.

—Hola Enya —le dijo uno de ellos—. Disculpa que te interrumpamos. Tenemos el deseo, todos quienes hemos venido hasta la playa, primero de pedirte disculpas por todos estos años en que nos hemos comportado tan mal contigo.

Enya, entre sorprendida y aliviada, se sonrojó un poco y los invitó a sentarse alrededor de la fogata que había armado con mucho detalle y belleza.

Una joven pelirroja y llena de rulos, dijo: —Gracias Enya, porque en ti, me he podido reconocer y he descubierto el enojo como una emoción que he intentado tapar durante mucho tiempo. Hoy asumo que me enojo cuando sigo órdenes de otros.

Luego fue el turno de un joven, muy tímido, pero decidido, dijo: —En secreto durante años bailo, soy feliz cuando me conecto con los movimientos de mi cuerpo. Gracias Enya, al verte bailar me has enseñado que no era el único.

Enya no podía creer lo que estaba pasando, su emoción no tardó en llegar, sus lágrimas y su risa contagiosa hicieron que los perros comenzaran a ladrar y revolcarse en la arena como si ellos también entendieran que algo mágico estaba naciendo.

María, una mujer escondida entre medio del grupo, levantó la mano y dijo: —Hola Enya, me llamo Brigitte, quiero contarte que cuando mi marido se va de casa, invento nuevas comidas, al comienzo con mucho miedo, porque no sabía qué era lo que me pasaba, pero algo en mi interior me hacía continuar. **Experimentaba y al comienzo todo sabía horrible, lo desechaba y un sentimiento espantoso me hacía dejar de cocinar, pero al otro día, algo me impulsaba a volver a intentar y así hoy tengo un cuaderno secreto con cien recetas nuevas.** Si ustedes me lo permiten, ¡me gustaría traerles algunas para que prueben!

Un sí rotundo se escuchó en medio de risas extrañas como cuando uno se ríe por nervios y adrenalina.

De repente, tomó la palabra una de las personas más emblemáticas de la comunidad. Amalia sí que era perfecta, nadie sospecharía lo contrario, hasta que dijo: —Hola a todos, quiero confesarles que, durante toda mi vida, he sentido miedo cuando me voy a dormir, también en las fiestas del pueblo me transpiran las manos y me cuesta respirar. Gracias Enya, porque desde que te he escuchado decir que sientes miedo y ansiedad sin vergüenza ni pudor, he entendido el sentido que tienen en mi vida esas emociones.

Enya, espontánea como todos la conocían, dio un salto y corrió a abrazarla.

¿Qué era lo que estaba sucediendo en ese atardecer de verano?

¿Acaso era Enya la única diferente en la comunidad o, por el contrario, la primera que se atrevió a reconocer y asumir las diferencias, lo imperfecto, lo incompleto, como motor de vida?

¿Tal vez la tradición de una vida sin errores solo pretendía disciplinar, controlar, aniquilar el libre albedrío y anular el poder que trae consigo el fracaso?

Hasta la llegada de Enya, todos fracasaban, creyendo ilusoriamente que eran perfectos. Fracasaban cuando no intentaban seguir sus deseos, fracasaban cuando se acurrucaban a la zona de confort repetitiva y estéril. Fracasaban cuando no tomaban ningún riesgo.

Tal vez Enya con su arrojo invitaba a otros a transitar caminos donde el error no solo no es posible anularlo, sino que es necesario para reconocer cualidades y virtudes, aprender, crecer y madurar.

Tal vez a través de la valentía de Enya, muchos más se permitieron sincerarse y asumir lo que sí desean para su vida y lo que no.

Tal vez, Enya en su desparpajo y libertad se atrevió a develar que la vida es en sí misma perfecta e imperfecta al mismo tiempo y que en el error se enciende el fuego de la creación.

Tal vez en ese atardecer mágico, alrededor del fuego, el permiso amistoso a equivocarse, fallar, errar, no debería ocultarse más.

Y en medio de una brisa cálida, se escuchó una voz gruesa y emocionada: —Propongo que en nuestro país ya no haya libros que nos quiten la posibilidad de equivocarnos, de ser diferentes, propongo sí, que haya un libro con hojas en blanco para que cada ser que llega tenga la oportunidad de crear su propia historia en donde el errar sea la llave del crecimiento y del descubrimiento.

Enya agregó envalentonada y eufórica: —Sí, por muchos libros en blanco para escribir nuestra propia historia, para vivir en libertad, sin excluir nada, ni a nadie. Una vida en donde lo imperfecto sea lo perfecto, donde el error sea bienvenido, donde la angustia tenga permiso, donde los miedos nos hagan más solidarios, donde el fracaso nos ayude a madurar, donde la diferencia sea un valor y no un castigo, donde la ansiedad nos invite a conectarnos con la naturaleza, donde no sea necesario ocultarse para hacer lo que nos gusta. **Celebro este encuentro que me causó estupor al comienzo, bendigo estos años de dolor en soledad, porque entiendo, comprendo y asumo que el sentido de mis años de soledad ha sido comprender en comunidad que no hay evolución posible sin *errar*.**

¡Bienvenidos al país de los *errores*! Sellemos este nuevo ciclo entregando al fuego nuestros libros ya caducos, agradeciéndoles su enseñanza. Es con el error, con lo que sale mal, con la frustración y angustia que genera, que descubrimos nuestro potencial. Es con los obstáculos y no con su ausencia que logramos aprender y conocernos. *En la sombra nace la luz*. Dicho está.

—Dicho está —gritaron desde las entrañas todos juntos y uno a uno fueron arrojando al fuego sus libros añejos y limitantes. Enya compartió sus melodías creadas durante tantos años, danzaban, sonreían, aplaudían, lloraban, *vivían*.

Y así fue como a partir de ese atardecer de verano, nació el *mágico país de los errores*.

CAPÍTULO 47

No, sin culpa y con fundamento

N*o*. Apenas dos letras, pero tan difíciles de enunciar.

No. Balbuceamos con temor y dudas.

No. ¿Y si no me quiere más?

No. Prefiero traicionar lo que quiero antes que soportar el tormento de la culpa.

No. Nunca lo dije, ¿podré alguna vez?

No. Me da mucho miedo.

No. Es lo que siempre me dicen a mí, es lo que nunca pude decir a otros.

No. ¿Por qué le tememos tanto?

Estas son algunas de las frases que repetidamente he escuchado desde hace casi veinte años de profesión. Adolescentes, madres, solteras, novias, esposas, amigas, hijas, abuelas, jefas, empleadas, separadas, viudas; no importa ni la edad ni lo que hagamos de nuestra vida, a todas las mujeres *nos cuesta*, o nos ha costado, asumir el *no* como aliado y no como un villano temido.

Te propongo algunas preguntas simples pero profundas para que nos sinceremos frente al *no*.

¿Qué es lo primero que viene a tu pensamiento con esta tenebrosa pero sabia palabra?

¿En qué circunstancias la dices?

¿Cómo la dices? ¿Enojada, harta? ¿Tranquila, pacífica?

¿A quién no puedes decirle *no*?

¿A quién siempre le dices *no*?

¿Cuándo y en qué te dices que *no*?

¿Qué emociones o pensamientos surgen en ti luego de decir *no* a otros?

¿Qué emociones o pensamientos surgen en ti luego de decirte que no a ti?

¿Qué sucede cuando no dices *no*?

Sucede que llega la irritabilidad, tu autoestima se diluye y se pierde lentamente, sientes que no vales por lo que realmente eres, se disipan tus deseos, no sabes identificar lo que te gusta de lo que no te gusta, tienes serias dificultades para reconocer tu potencial, habilidades, recursos, fortalezas. Te sientes cada vez más lejos de tu esencia y más cerca del personaje. Eres cada vez más obediente y servicial con los otros, pero más desobediente y cruel con tu verdad interior.

¿Algo de esto te resuena?

Si es un sí, continuemos juntas en este capítulo mágico (si es un no te servirá para reafirmar tus logros). Es tiempo, estás preparada para dar un salto significativo. Estás lista para trascender uno de los obstáculos más limitantes de la vida. Estás lista para resignificar el *no* e incorporarlo a tu existencia esta vez como un atributo de poder necesario y saludable.

Decir *no* sin culpa.

En orden y sin saltearte ningún paso.

* *Conócete*. Discrimina lo que te gusta de lo que no. Saca de tu lenguaje cotidiano el famoso "me da igual". Desde lo simple como una comida, una salida, dónde ir de vacaciones, hasta

lo más complejo y delicado como definir una relación que no funciona, cambiar de trabajo, mudarte.

* *Reconoce* tus aptitudes, tu valor, tus fortalezas, pero atención, no vale lo que digan otros de ti, debes descubrirlas en absoluta soledad, individualidad y honestidad.

* *Coherencia* entre lo que sientes, lo que piensas, dices y haces.

* *Tiempo*, cuenta hasta diez antes de responder, podrás engañar a la respuesta automática que buscará apresarte nuevamente a los sí tramposos y no deseados.

* *Basta de excusas o mentiras*, no necesitas el permiso de nadie para expresar tu *no*.

* *Fundamentos* claros y concisos, primero creados en tu interior. Quien construye fundamentos desde la conciencia y coherencia, apacigua la culpa.

* *Simple*, cuanto menos intentes adornar tu *no*, más claridad tendrá.

* *Resignifica.* Decir *no*, no es sinónimo de rechazo, es sinónimo de honestidad.

* *Fidelidad* a ti misma, siempre.

* *Elige* tus palabras. Procura decir *no* con palabras nobles. Sé honorable, impecable y amorosa. La autoridad nada tiene que ver con el enojo, las palabras ofensivas y los gritos.

Estás lista para ponerte a prueba, estás lista para decir *no* sin culpa y con fundamento.

¡Te espero en la **página 319** con un ritual espectacular!

CAPÍTULO 48

Aprender a negociar.
El valor de los acuerdos

¿**Q**uién es *él* en esta historia?

¿Quién es *ella* en esta historia?

***Él* y *ella* son dos personas, si bien nos hace pensar en un varón y una mujer, trascienden total y completamente el género.**

Él puede ser *ella*, *ella* puede ser *él*.

Pueden ser *él* y *él*.

Pueden ser *ella* y *ella*.

Pueden ser *ella* y *él*.

Cada una de ustedes pondrá nombre e identidad sexual.

¡Pero lo más importante es que, al leer esta historia, puedan sentir la presencia de dos seres en la construcción de un vínculo!

Él, obstinado, caprichoso. Ella, insegura, condescendiente.

Él, amante de los encuentros con amigos. Ella, solitaria y amante de su hogar.

Él habla a los gritos. Ella tiene una voz aterciopelada.

Ella, enamorada de las plantas. Él, enamorado del mar.

Ella medita apenas amanece. Él navega por las redes sociales ni bien sale el sol.

Ella tiene una sola amiga, de esas que se dicen *amigas* con mayúsculas. A él no le alcanzan los dedos de las manos para contarlos.

Él viene de una familia inmensa donde todos hablan al mismo tiempo y se entienden.

Ella creció con una tía ya que sus padres murieron cuando apenas era una niña.

Ella ama su trabajo. Es artista plástica y tiene un taller en su casa.

Él detesta su trabajo. Es empleado industrial.

Él espera los domingos para hacer una carne a la parrilla.

Ella los espera para comer sus verduras asadas.

Él está ansioso por ser padre. Ella necesita tiempo para ser madre.

Ella ama viajar en aviones. Él tiene pánico a volar.

Se aman profundamente desde hace trece años. Tienen muchos planes.

Estarán preguntándose cómo hacen para amarse y estar juntos después de tantos años siendo tan diferentes. ¡No sean tan ansiosas! Como siempre digo: sin prisa, pero sin pausa.

Ella le muestra el valor de la empatía, lo acompaña en su proceso, no intenta convencerlo, respeta su tiempo. Él le agradece su paciencia mientras trabaja en trascender la terquedad.

Él le dice que es hermosa cada día. Ella se emociona mientras intenta recuperar su valor olvidado. Apuesta a que algún día esas palabras se las dirá a sí misma.

Ella suaviza sus gritos. Él la invita a darle un poco más de fuerza a sus palabras.

Él le regala plantas para su invernadero. Ella le graba *playlists* con sonidos del mar para que escuche en el auto camino a su trabajo.

Él prepara el café mientras ella medita. Ella le deja corazones en un mensaje privado de *Instagram*.

Él respeta a su amiga. Ella respeta a sus amigos.

Ella se divierte y se agota al mismo tiempo con tanto barullo familiar. Él la abraza en su orfandad.

Él la admira y aplaude cada nueva obra.

Ella lo acompaña mientras él intenta descubrir su pasión.

Ella hace las compras, incluida la carne. Él pone música y hace el asado más sabroso para ambos, poniendo más énfasis en las verduras para que salgan deliciosas.

Él está dispuesto a esperarla con ternura para ser padre. **Ella lo abraza y le habla de su vulnerabilidad y del miedo a la muerte.**

Él, aún con miedo, se sube al avión mientras ella lo abraza y cuida.

Otras veces, ella lo sorprende con una casilla rodante alquilada para evitar el avión.

Se aman profundamente desde hace trece años.

Se aman en las diferencias porque en las diferencias aprendieron a negociar.

No buscan cambiarse el uno al otro. Comprenden que pretender hacerlo sería inútil, imposible, egoísta y, fundamentalmente, aburrido.

Se acompañan el uno al otro, cuando conectan. Se distancian cuidadosamente el uno del otro, cuando necesitan individualidad.

Se conectan desde la verdad, no desde la idealización. **Reconocen que si eligieran desde la idealización habría un ser que ama una idea del otro, no al otro en su autenticidad.**

Asumen las sombras propias y las del otro como el camino necesario para transformarse. Se acompañan sin invadirse porque hay confianza en el proceso individual. Se dicen: "Aquí estoy para lo que necesites, te acompaño, creo en ti, valoro tu poder para resolver lo que te acontezca. Pero jamás intentaré hacerlo por ti, eso sería no creer en ti".

Eligen la creatividad y la sorpresa como parte de su unión en vez de la manipulación y el control. Aman desde la libertad y por eso asumen su libre albedrío.

Decidir no es una competencia salvaje para ver quién gana. Decidir es una tarea cotidiana donde ambos se involucran, donde ambos ceden un poco, donde ambos se acercan, donde ambos se encuentran en una nueva aventura, ni totalmente de ella, ni totalmente de él; una aventura que es de *ellos*, donde hay algo de ella y algo de él.

Honran los acuerdos: a veces lo decretan con palabras, otras con símbolos.

Hermagas de camino, recuerden esta historia cada vez que construyan vínculos: laborales, con los hijos e hijas, con la pareja, con amigos, con padres o hermanos, incluso con ustedes mismas.

Recuerden que negociar es dar valor. En una buena negociación *todos ganan*.

Negociar es poner lo mejor de uno, reconocer lo mejor del otro y, en una amalgama perfecta, ceder sin perderse.

CAPÍTULO 49

Hogar

U n bosque misterioso en el corazón de las Tierras Altas de Escocia fue el escenario perfecto para esta historia.

Una noche de verano, Julieta, una joven argentina harta de su trabajo aburrido y mal pago, tuvo un sueño distinto a los que había tenido a lo largo de sus veinticinco años de vida.

¿Quieren saber un poco más sobre esta historia? ¡Imagino sus pensamientos!

Era jueves de un enero terriblemente caluroso y Julieta se lanzó en la cama de su pequeño apartamento en el barrio de Flores, Buenos Aires, luego de un día de trabajo agotador. Tal era su frustración que ni siquiera sentía hambre. Se quedó dormida con la ropa puesta, como si de alguna manera inconsciente buscara desaparecer.

Con un alarido potente se incorporó toda mojada, pero no por el calor del verano agobiante de Buenos Aires, sino por un extraño sueño que marcó un hito en su vida.

Eran las cuatro de la madrugada, agitada y temblorosa supo que había llegado el momento.

Con todos sus ahorros, compró un boleto de avión hacia Edimburgo, con una escala previa de algunas horas en Londres, y luego por carretera a Portree, Isla de Skye en las Tierras Altas de Escocia.

Así de inmediato, así de extraño. **Su mente la atormentaba con preguntas que no podía responder, pero en su interior había paz por primera vez en muchos años.**

Un pasaporte nuevo, impecable sin un solo sello en su interior, contaba que jamás había salido de su país. Apenas una mochila con lo imprescindible, una renuncia hecha por mensaje de audio por *WhatsApp* y directo al aeropuerto.

Apenas siete días habían pasado desde aquel sueño mientras se sonreía pasando por la oficina de migraciones.

Su cuerpo tembloroso y su mente cuestionadora y llena de preguntas no pudieron tolerar la angustia.

Mientras esperaba sentada la hora de embarcar, sintió que toda su vida estaba patas para arriba y de pronto su mente envalentonada casi gana la pulseada.

—¿Qué hago aquí? ¿Acaso me volví loca? Me estoy yendo a otro continente sola, apenas tengo para solventarme una semana, no conozco a nadie, renuncié a mi trabajo sin previo aviso y por mensaje de audio, ¿qué me pasa? Todo lo que tengo entra en esta mochila. ¡Y lo que más me aterroriza es que todo esto fue por un sueño!

Una voz masculina del personal de la aerolínea llamando a embarcar por el altavoz la trajo de regreso a la realidad, una realidad un tanto irreal y mágica. Se secó las lágrimas y respiró profundamente; eligió creer en su voz interior y descreer de la voz de su mente.

Un Edimburgo blanco y silencioso le dio la bienvenida, mientras una extraña sensación de familiaridad recorría su piel helada. Solo tres horas restaban para llegar a las Tierras Altas.

Lenta y suavemente, el miedo, las dudas y la inseguridad comenzaron a desvanecerse para darle lugar a una rara pero hermosa calma.

Sintió por vez primera en su vida una especie de calor interior que comenzaba entre sus pechos, bien adentro y desde donde se expandía hasta llegar a cada rincón de su cuerpo por fuera y por dentro, creando una burbuja blanca con destellos dorados. Qué gran paradoja, el frío escalofriante del invierno de aquella zona en enero y Julieta sentía calor de hogar, nada más lejano que el calor que la quemaba apenas unas pocas horas atrás.

A esa altura del viaje, Julieta ya había perdido la cuenta de la cantidad de kilómetros recorridos, pero tampoco le importaba porque su calor interior crecía a medida que se acercaba a Portree, su destino final, la ciudad portuaria más grande de la isla de Skye.

Atrás quedaron las lágrimas, atrás quedó la mujer aturdida por los gritos de su vida vacía.

Sutiles rayos de luz competían con las nubes para darle la bienvenida.

Su hostal estaba frente al lago y lo identificó rápidamente porque la dueña le había dicho que era el edificio de color celeste.

Agotada por la cantidad de horas recorridas, pero más aún por el atrevimiento en semejante osadía, se desplomó sobre la cama y una vez más, vestida, se quedó dormida.

A las 6 a. m. hora escocesa se despertó intempestivamente toda mojada, un *dejavú* le había cortado la respiración.

Tomó unas botas de lluvia, un gran abrigo que alguien había dejado colgado en el perchero de ingreso y, desesperada, salió corriendo sin pensar. Algo la conducía.

Se detuvo en la playa, frente al lago sereno enmarcado entre unas montañas imponentes, con su respiración agitada y sin entender prácticamente nada, se desplomó sobre la arena mojada.

Al levantar la mirada, una brisa fugaz acarició su rostro y en una melodía ancestral desconocida pero familiar, se sorprendió recitando una especie de rezo en lenguaje gaélico. Se incorporó con una fuerza arrolladora y con los primeros rayos del sol como centinelas, miró alrededor, se miró a sí misma y finalmente entendió todo.

Fue a través del sueño en esa calurosa noche de verano que su alma pudo hablarle de su hogar, de su pasión, del sentido de esta vida, de su deseo. **Estaba tan anestesiada que el sueño tuvo que ser *revelador, certero* y *determinante*:**

"Julieta, es hora de despertar y regresar a tu casa. Perteneces a las Tierras Altas de Escocia. Debes llegar antes del próximo once de enero. Deja de ignorar todas las señales que durante años te he enviado. El trece de enero te espera un gran desafío que necesitas vivir, que te conecta con tu verdadero ser.

Argentina te ha dado cobijo cuando necesitaste estar protegida y cuidada, pero hace siete años que te estaba diciendo de mil maneras que ya estabas lista para marcharte.

Julieta, eres tan testaruda que he tenido que pedirle ayuda a los seres mágicos de la noche para que este sueño provoque esta bofetada de visión en esta noche de verano en Buenos Aires.

Julieta, hermosa mujer, *despierta ya*".

Encuentra tu hogar, ese espacio que te eriza la piel.

Ese espacio que se siente suave, calmo y cercano.

Ese espacio en el que es simple y fácil ser tú.

Quita el *no puedo* de tus pensamientos.

El mundo entero se dispone generoso y cercano. Solo se aleja cuando de ti te alejas.

Cierra los ojos y siente, ¿qué es *hogar* para ti?

¿Acaso las montañas?

¿La playa?

¿El río?

¿El calor tropical?

¿La nieve solemne?

¿El silencio?

¿El ruido?

¿La ciudad llena de personas y movimiento?

¿El campo lleno de árboles y animales?

Muévete,

traza tu aventura con conciencia, determinación y valentía.

Muévete,

traza tu ruta que te lleve de regreso a ti.

Despierta.

¡Te espero en la **página 320** ahora mismo!

PARTE 3

Transformar

CAPÍTULO 50

Brota

¡**U**na gran alegría invade mi corazón!

Has mirado de frente a los monstruos más tenebrosos de tu vida y aquí estás, más fuerte, más auténtica, más consciente que aquel día en que elegiste comenzar a bucear en estas páginas.

Ha llegado un momento muy especial; sé que tú también lo sabes, lo sientes. Tienes la certeza de quien reconoce el proceso realizado —proceso lleno de altibajos, con ganas o sin ellas, con certezas o con dudas, con intervalos, con miedo, con entusiasmo, con pereza, con enojos, con alegría—.

Celebro y valoro tu esfuerzo. **Es hora de brotar y la primera hojita que asome tímida y robusta al mismo tiempo traerá el nombre de tu vida deseada.** Esa hojita, ahora pequeña y frágil, será la rama más fuerte que luego dará vida al resto.

Consciente de tu savia interior elevas tu mirada al sol, extiendes tus brazos como símbolo de apertura y recibimiento de lo nuevo. ¿Sabías que la savia de las plantas nace en las raíces y viaja a través de los tallos llevando consigo y hacia las nuevas hojas, todo lo necesario para crecer? De la misma manera, en una imitación honorable, ya estás lista para llevar tu savia —tu alimento, tu poder— originada en tus raíces, en tus profundidades oscuras y ocultas, a cada rincón de tu cuerpo, de tu mente y de tus emociones porque tú también sabes, al igual que las plantas que *es tiempo de brotar.*

CAPÍTULO 51

La vida que deseo

La vida que deseo...

No es perfecta, pero sí lo es para mí.

Es la que creí equivocadamente no merecer durante tanto tiempo.

La vida que deseo es posible.

Es la que me entusiasma aquí y ahora.

Comienza hoy, en una simple acción diferente a la hecha ayer.

Me invita a ser responsable de mi deseo.

Nace en mi alma, crece en mis pensamientos y se expande en mi realidad, toca con su varita mágica mi piel, mis cabellos, mis ojos, mi cuerpo por dentro y por fuera.

La vida que deseo...

Arranca de cuajo la víctima que hay en mí.

Despierta a mi guerrera interior.

Me hace sonreír.

Me invita a brillar.

Me da paz.

En la vida que deseo...

No hay ni "peros" ni malas circunstancias.

Hay un plan certero que comienza con un "yo elijo".

En la vida que deseo tiene mucho valor el pequeño paso que me animo a dar aquí y ahora.

En la vida que deseo me encuentro. *Soy yo*.

Te espero en la **página 321**. Allí encontrarás un ritual bellísimo que te hará sentir la vida que deseas. Le pondrás acción aquí y ahora a tus deseos.

CAPÍTULO 52

Ciclo del fin, ciclo del inicio

Me despierto intempestivamente en medio de una playa desolada. No entiendo, ¿estaré soñando que me despierto? Mi último recuerdo fue lavando la vajilla de la cena mientras tomaba un té de boldo con una rodaja de jengibre.

Es tan bella esta playa que no me interesa en lo más mínimo perder un segundo más analizando si estoy soñando, alucinando o enloqueciendo. Me da igual. ¡Esto no me lo pierdo!

El sol recién asoma en el horizonte y el mar tan pacífico me cuenta en secreto que por fin descansa después de 5 días y 5 noches de pelea furiosa con un cielo embravecido. Las gaviotas lo acarician y le cantan. Creo que me acarician y me cantan también a mí.

La arena apenas mojada es testigo de mi presencia, inmortalizando por unos minutos mis pasos. Me descubro haciendo una reverencia a las palmeras que parecen darme la bienvenida.

Busco con la mirada a alguna persona para simplemente compartir la emoción de estar en semejante paraíso, pero no hay nadie más que yo.

De repente veo a lo lejos en esa costa infinita algo que pareciera ser humo. Hacia allí voy porque, ante todo, soy curiosa.

Camino lento mientras gozo y me recuerdo de pequeña jugando en el mar, revolcándome en la arena, peleando con mis hermanos por las cubetas.

Camino lento y me recuerdo de adolescente caminando junto a mis adoradas amigas con cierta incomodidad, habitando un cuerpo en plena transformación, un cuerpo desconocido, un cuerpo de mujer sin saber nada acerca de cómo serlo.

Camino lento y me recuerdo de la mano con mi pareja, caminando y haciendo miles de planes, algunos completamente irrealizables, pero fascinantes. El amor teje su obra con algo de locura, es por eso que se vuelve irresistible —al menos eso creo—.

Camino lento y me recuerdo acariciando mi panza de nueve meses bajo una sombrilla. Ya no podía quedarme por horas bajo el sol del mediodía, aceitada y bronceada como a los dieciséis años, "creyéndome bella" y lista para ir a bailar, como una manera de pincelar el mundo de inseguridades que me atosigaban dentro. "Creyéndome bella" porque en ese tiempo de absoluta confusión y revolución interior todo se tornaba caótico y distorsionado, el cuerpo, la mente, las emociones, la mirada del otro, la mirada propia.

La maternidad había llegado con otra conciencia y otras prioridades.

Camino lento y me recuerdo con mil cosas dentro del bolso de playa, incluida una loción para piel de bebés. Sí, escucharon bien: llevaba loción para bebés, una pequeña heladera portátil, una carpa, una caña de pescar, una tabla para barrenar las olas, unas cubetas para la arena, unas reposeras y un libro —este último ubicado bien al fondo del bolso a punto de explotar—. Me río. ¡En qué momento creí que iba a poder leer! Camino lento y celebro no haber leído ni una página, en vez de eso mis ojos se deleitaban con la libertad de mi hija y mi hijo en una playa sin fronteras.

Camino lento y me recuerdo una vez más, caminando de la mano con mi pareja, haciendo nuevamente planes, más alocados aún. No era una cuestión de adolescentes alocados. Veinticinco años después, éramos los mismos y al mismo tiempo éramos otros.

Camino lento, me despierto de los recuerdos. El humo sale por la parte superior de una carpa hecha de cañas y hojas tropicales.

En lo más profundo de mi ser sé que todo eso está dispuesto para mí. **En un acto casi instintivo me despojo de las pocas prendas que cubren mi cuerpo y, así desnuda por fuera y por dentro, entregada a la sagrada fuerza de la naturaleza, entro.**

En el centro un hoyo perfecto anida un fuego imponente. En un costado hay una vasija con agua y ramas.

Entiendo al instante que he ingresado —simbólicamente— al útero de la madre tierra. Para seguir, debo morir.

Me recuesto, me dejo sostener por la tierra, me entrego sin oponer resistencia.

Y en una especie de estallido mágico, comienzan a salir de mi boca palabras cantadas, infinidad de ellas, palabras gritadas, palabras aulladas. Mi cuerpo suda, el calor sofocante me desafía a salir corriendo, pero cuando elijo entrar a la carpa sé que debo salir una vez que atraviese el fin.

Con las ramas mojadas sacudo el fuego para que las nubes de vapor ayuden a despojarme de lo viejo.

Y poco a poco, voy dejando dicho todo lo que muere en mí vida, con un dolor tan fuerte que me resulta difícil ponerlo en palabras. Solo puedo decirles que cada palabra es una puñalada. Con cada palabra muero, pero no muero:

Culpa

Soberbia

Celos

Control

Manipulación

Castigo

Ira

Exigencia despiadada

Obsesiones

Desvalorización

Indiferencia

Cada palabra liberada, libera una emoción. **Cada emoción libera un recuerdo y en cada uno de ellos, mato a quien ya no elijo ser.**

Hasta que en un momento no hay nada más, solo vacío. No hay tiempo, no hay espacio; solo una cueva oscura, húmeda y calurosa abrazando mi muerte.

Casi sin fuerzas, empapada en posición fetal siento que el latido lento de mi corazón me avisa que la madre tierra me ha parido una vez más. Con una emoción embriagadora, me apoyo en mis manos incondicionales que me ayudan a erguirme y me siento mirando las poquitas llamas que siguen despiertas y digo:

"Yo, desde mi existencia y delante de toda forma de existencia doy por trascendido, concluido, liberado y sanado todo conflicto en mi vida. El ciclo del fin en mí invita al ciclo del inicio. Estoy lista para existir. Dicho está. Dicho está. Dicho está".

Y con la vitalidad de quien renace, una fuerza arrolladora me impulsa hacia afuera de la carpa.

Ya no está el sol, le ha dejado su lugar a una luna nueva hermosa. Aún mareada respiro profundamente, la brisa de la noche me despabila, las olas tocan mis pies, me acarician, me invitan y hacia allí voy nuevamente como una niña que quiere jugar en el mar.

Me zambullo.

Me refresco.

Juego.

Nado.

Chapoteo.

Grito.

Vivo.

Salgo corriendo del mar, me recuesto en la arena, contemplo maravillada el cielo con su infinidad de estrellas, armo formas, les pongo nombre, edad, les armo pareja, y me voy quedando dormida.

Me despierto arrebatadamente en mi cama, no entiendo. ¿Estaré soñando mientras estoy tirada en la playa que estoy en mi cama?

Me destapo de golpe, pongo los pies sobre el piso, voy a la cocina por un vaso de agua, nunca había sentido tanta sed.

Tampoco advierto esta noche en las pisadas, la arena que voy dejando mientras camino de la habitación a la cocina.

Te invito a entrar a tu carpa.

Te espero en la **página 322**.

CAPÍTULO 53

Existo consciente

E n la primera parte del libro, en el Capítulo 8, nos dimos cuenta de que vivir y existir no es lo mismo. Desde ese entonces has ido transformándote y tomando conciencia de tu vida, despertando tu existencia en cada ritual, en cada proceso, en cada paso valientemente elegido.

Se me ocurrió darle un marco de celebración y magia para *dejar dicho* que somos *existencia consciente*. ¿Qué te parece?

Cada vez que dudes, que te distraigas, que te enojes, que te frustres, que te olvides, que la pereza te gane, que los pensamientos te limiten, que las palabras de los demás te condicionen, que la culpa te asfixie... piensa, recita, canta, baila, medita este himno que escribí para ti, un himno que permite a la magia entrar a tu vida:

Existo porque me atrevo sentir el vacío cuando decido morir para nacer y ser.

Existo cuando asumo que no soy barro, cuando asumo que siempre he sido oro.

Existo cuando soy responsable de cada una de las cosas que me pasan. Existo cada vez que busco las respuestas en mi interior.

Existo cuando soy fiel a mí misma.

Existo cuando asumo que soy creadora de mi realidad y reconozco en mí el poder de transformarla.

Existo cuando comprendo que todo es una invitación a iniciar, a descubrir, a movernos.

Existo cuando mi propósito me acerca al conocimiento, a nutrirme de saberes con disciplina y perseverancia.

Existo cuando mi propósito me acerca a la sabiduría, la decisión de saborear lo aprendido.

Existo cuando mi propósito me interpela cara a cara y elijo mirarme con honestidad, evaluarme y volver a comenzar.

Existo cuando determino consciente y coherentemente en cada aventura mis "desde dónde" y mis "a dónde". Desde dónde hago lo que hago y hacia dónde me dirijo.

Existo cuando asumo que todo tiene existencia y me relaciono con todo sin depender ni de nada ni de nadie, sin manipular a nada ni a nadie.

Existo cuando comprendo que solo *soy* cuando elijo.

Existo cuando asumo que existir es un camino de eterna evolución consciente.

Soy existencia consciente.

¡Dicho está!

CAPÍTULO 54

Cuando la magia despierta en mi existencia

uando la magia despierta...

Te maravillas al descubrir las aves que acompañan tu andar.

Admiras la infinidad de colores en las flores.

El sol pasa a llamarse padre Sol y la tierra madre Tierra.

Honras a todo ser vivo.

Permites que la Luna te acompañe y te bañe con su misterio.

Te transformas junto al fuego.

Fluyes con el agua.

Te expandes en el aire.

Te nutres en la tierra.

Eres parte fundamental de un universo generoso y magnífico.

Todo es perfecto tal como es.

Cuando la magia despierta...

La mente se amiga con el alma, las emociones y el cuerpo.

La divinidad brilla en tu interior.

Vuelves a jugar.

Amas el silencio.

Disfrutas dar.

Disfrutas recibir.

Todo lo que llega a tu vida tiene un sentido.

Despierta tu creatividad.

Trasciendes la dualidad.

Te sorprendes todo el tiempo.

Cuando la magia despierta...

Sientes tu verdadero poder.

Encarnas el valor, la coherencia, la conciencia.

Asumes tus deseos.

Todos los velos se corren y descubres quién eres.

Te transformas en la protagonista de tu vida.

Tu vida se transforma en *existencia*.

¡Eres maga! ¡Soy maga! ¡Somos *hermagas*!

CAPÍTULO 55

Mi guion

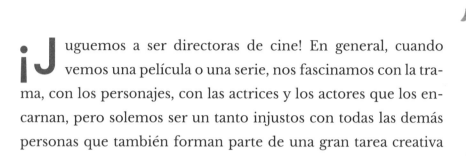

¡Juguemos a ser directoras de cine! En general, cuando vemos una película o una serie, nos fascinamos con la trama, con los personajes, con las actrices y los actores que los encarnan, pero solemos ser un tanto injustos con todas las demás personas que también forman parte de una gran tarea creativa como es el cine, el teatro y la televisión.

¿Les ha pasado alguna vez de terminar de ver una película en el cine, sacudirse las palomitas de maíz pegadas en su ropa, comentar lo que han visto —si les gustó mucho o nada— sin prestar demasiada atención a los centenares de nombres que van apareciendo en la pantalla negra gigante acompañados de algún tema musical que suena fuerte? Estos créditos intentan decirnos "¡Hola, no terminé aún! ¿Podrías leerme?". ¡Toda esta gente lo hizo posible! Y tú, sin siquiera advertirlo, sales de la sala pensando qué vas a cenar de rico cuando llegues a tu casa.

En este capítulo prestaremos especial atención a la *directora* —no de alguna película taquillera—, sino de la mejor película, *tu película*.

¿Qué hace una directora de cine? En primer lugar, elige qué historia contar. Contar esa historia elegida y no otra tiene un sentido personalísimo. Es la chispa que anticipa la gran creación y puesta en marcha. Luego llegará el momento de transformar ese guion literario en uno técnico, de elegir a su equipo de trabajo, a las actrices y actores. Cuando todo esté listo, la claqueta sonará, la cámara grabará y, con una voz vigorosa, la directora por fin gritará ¡*Acción*!

Pues bien, luego de esta humilde y precaria explicación cinematográfica, y con el perdón de los especialistas en la materia, vayamos a lo nuestro.

Todo comienza, decíamos, cuando hay una historia que merece ser contada. Es en este punto en el que te pregunto: *¿Cuál es la historia que quieres contar de ti? ¿Cuál es el guion de tu vida?*

Tal vez los grillos suenen en tu mente mientras te sonrojas porque te he tomado desprevenida, o quizás sientas un fuego por dentro porque se te ocurren miles de cosas para decir.

—Puedo imaginar escribir una historia, pero escribir mi guion... ahí no sé por dónde arrancar.

Lo sé. Cuando nos toca ser protagonistas se torna más complejo, pero no menos gratificante.

Escribir el guion de tu vida es contar con el mayor lujo de detalles posibles, en *presente*, la vida que deseas, la vida que sueñas, la vida que habla de ti, la vida que te hace feliz.

—¿Por qué en presente?

Como *magas* sabemos que escribir en el plano sutil la vida tal como la deseamos vivir, llena de detalles y adjetivos bonitos, amorosos, generosos, nos presentará en el plano más denso —en el plano material y real— muchas más posibilidades.

Inspira hondo, mírate con amor e imagínate sentada en ese hermoso sillón de director. Encarna el poder, la decisión, la vehemencia, la creatividad, pero por sobre todas las cosas, encarna la *sinceridad* contigo misma dejando afuera todas las limitaciones que cuestionen tu merecimiento.

Inhala profundamente, mírate con alegría y que tu claqueta suene obediente a tu enérgico grito: ¡*Acción*!

En la **página 324**, tu bitácora mágica te espera para narrar tu guion.

CAPÍTULO 56

Mi Constitución

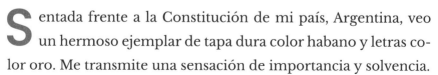

S entada frente a la Constitución de mi país, Argentina, veo un hermoso ejemplar de tapa dura color habano y letras color oro. Me transmite una sensación de importancia y solvencia.

La Constitución de un país es una *Carta Magna*, es la ley fundamental de la que se desprenden el resto de las leyes. Establece los derechos y obligaciones de los ciudadanos. Es un libro sagrado para quienes viven en un determinado lugar. "Lo dice la Constitución", frase que deja sentado un principio de verdad.

Sentada frente a la Constitución de mi país, me pregunto ¿quién la ha escrito? ¿Para qué? El primero de mayo de 1853 los representantes de las provincias (eran todos varones en ese entonces ya que las mujeres recién pudieron acceder al voto en el año 1951) sancionaron la Constitución Nacional para dar respuesta a la necesidad surgida en la Revolución de Mayo de constituir la unión nacional, afianzar la justicia y consolidar la paz interior. Tuvo reformas en los años 1866, 1898, 1957 y 1994. Si no eres argentina, ¿sabes cómo ha sido la creación de la Constitución en tu país? ¿Alguna vez la has leído?

Si los pueblos establecen la estructura ordenadora, los principios y valores, los deberes y obligaciones a través de la Constitución, ¿por qué no hacerlo a nivel individual?

Lo que les propongo es, ni más ni menos, *crear* su propia Constitución, su documento sagrado, su propia Carta Magna, su ley fundamental, su orden, sus principios, sus fundamentos y valores. Una Constitución personalísima y sagrada, secretamente guardada.

El diálogo y el debate serán contigo misma, dando lugar a cada una de tus voces internas hasta llegar a un acuerdo donde todas y cada una de ellas estén justamente incluidas.

La Tierra, el Aire, el Fuego y el Agua serán los testigos.

Tu niña y tu adolescente interior, y tus ancestros formarán parte del espíritu del documento.

Formará parte del ADN simbólico de tu descendencia, quienes a su vez —y si así lo deciden con su libre albedrío— podrán encarnarla y hacerle las modificaciones pertinentes para que sea personalísima también.

Sellarás con tu puño y letra todos y cada uno de los valores, principios y verdades imprescindibles de tu existencia.

¿Te gustaría que te cuente mi experiencia? Aquí voy.

Al momento de narrarla, me senté frente a una hoja en blanco y tomé un lápiz negro (me parecía que borrar era mejor que tachar), pero nada me salía, ni una sola palabra.

Antes de hacerlo creía que era algo fácil, rápido y sencillo, pero cuando me dispuse a escribir me di cuenta de su relevancia y me dije: "¡Es la Constitución de mi vida!". Me llevó tres días —sí, tres días— escribir las primeras palabras, y me llevó 30 días terminarla.

Recuerdo como si fuera hoy ese momento. Estaba en mi chacra en la Patagonia Argentina, vestida con ropas cómodas y viejas, esas que reservo para andar adentro de la casa. Mi mate, mis cabellos despeinados, descalza. Tirada en la tierra, el sol se estaba escondiendo entre los álamos dorados del otoño, un silencio mental me visitó para dejar mi mente detenida un instante. En ese momento un rayo de sol tibio nubló mi vista y mi corazón me regaló la última frase con la que di por finalizada mi Constitución: ***"Estoy donde debo estar, aquí y ahora. Todo está bien".***

Emocionada hasta las lágrimas, descubrí en ese instante cómo el sol se ponía en el Oeste, pincelando con su luz un cielo celeste limpio y puro mientras, en una amalgama perfecta, la luna asomaba casi llena, en el Este, con respeto y paciencia, acompañada de un cielo en todas las gamas inimaginables del rosado.

Recibí esta ofrenda natural mágica como el guiño que me dijo "¡Bien hecho!". Así pues, me puse mi mejor vestido y, en un ritual sagrado, sellé junto a la madre Tierra mi Constitución.

Te espero en la **página 324**.
¡Tu Constitución te espera!

CAPÍTULO 57

Enunciar

E nunciar.
Hablar.

Decir.

Palabras conscientemente elegidas a partir de este momento, donde el pensar y sentir en coherencia y conexión mutua se encuentran con el lenguaje.

Palabras que navegan o a través de las cuerdas vocales, gestando una vibración sonora, o a través de las manos, creando un símbolo cuando no hay posibilidad de sonido.

Palabras que se expanden llevando mensajes al infinito universal.

Palabras que vuelan creando realidades, tus realidades.

Enunciar.

Hablar.

Decir.

Una inmensa tarea de aprendizaje, de imitación y empeño durante los primeros años de vida: *ta, pa, ma* primero, *tata, papá, mamá* un tiempo después.

Palabras que atraen, palabras que espantan.

Palabras amorosas, palabras odiosas.

Palabras esperanzadoras, palabras destructivas.

Enunciar.

Hablar.

Decir.

No es lo mismo decir "algún día seré feliz" a decir "elijo ser feliz aquí y ahora".

No es lo mismo decir "te necesito" a decir "te deseo".

No es lo mismo decir "no sé" a decir "no lo sé aún".

No es lo mismo decir "quiero" a decir "elijo".

Enunciar.

Hablar.

Decir.

A partir de este momento, somos *conscientes* del valor inmenso que tienen las palabras.

Cuando hables, cuando desees, cuando ames, cuando te sientas triste, cuando te sientas enojada, elige cada una de tus palabras.

En cada palabra dicha pondrás tu foco; donde pones el foco pones tu energía; donde pones tu energía, *creas realidad.*

CAPÍTULO 58

Crear

Una chispa dorada despierta la mente dormida.

Dura menos de un segundo —tiempo suficiente para volver a creer.

Te llena de energía, miles de nuevos caminos son posibles.

Una chispa dorada entusiasma el alma.

Dura un instante —suficiente para renacer.

Te llena de esperanza y recuerdas, mientras sonríes, una de mis frases preferidas: "todo pasa".

Pasa el enojo, el bloqueo, la resignación, la frustración, la pereza, cuando una chispa dorada hace eco y despierta a miles de otras chispas que, atentas al llamado, llegan de a montones dispuestas a ser parte del gran fuego.

En ese momento, la primera chispa —sola, pequeñita y efímera— se sorprende rodeada de millones de otras como ella. Ahora son muchas y, en una amalgama perfecta, mudan su piel para encarnar la piel del fuego.

Un fuego envalentonado seguro y desafiante.

Un fuego que danza al compás del viento.

Un fuego dispuesto a transformar en la luz más brillante a la sombra más escalofriante.

Cuando las chispas deciden juntarse, saben que morirán para nacer como fuego en unidad creadora; esa es su misión: encontrar otras chispas, enredarse hasta transformarse en el gran fuego.

Crear es, ni más ni menos, que sentir esa primera chispa en forma de idea.

A veces buscada.

A veces encontrada "casualmente".

A veces soñada.

A veces fantaseada.

Crear es darle voz a esa idea tímida y solitaria, aullar para que las ideas hermanas reciban el mensaje y, en un orden perfecto, lleguen de a miles.

Miles que se entrelazan dando forma a la gran idea, fuerte, solvente, fascinante.

Ya dejó de ser una simple idea, pasó a ser una gran *creación* apuntalada por el poder del fuego que aporta la mágica energía de la pasión.

Y en ese fuego majestuoso se abrirán los nuevos caminos de tu existencia donde serás la protagonista única de tu existencia.

Entonces, cada vez que una chispa (idea) te sorprenda, préstale atención ya que posiblemente sea el inicio de tu gran fuego interior, de tu gran nueva *creación*.

CAPÍTULO 59

Talentos

Los talentos viajan en una cápsula triangular hermética de oro y diamantes, custodiados por una Maga Sabia, un Ángel Turquesa y una Dragona Roja.

Viajan a través del tiempo.

Viajan a través del espacio.

Atraviesan fácilmente, no sin algo de tensión, enormes asteroides, cometas, meteoritos; todo tipo de escombros interplanetarios, inmensos pedazos rocosos y helados con expresión monstruosa.

Antes de este viaje, la Maga, el Ángel y la Dragona se entrenan durante toda su vida con la Gran Diosa, maestra de los Guardianes de Talentos en el Imperio Original. Es una maestra compasiva, exigente y virtuosa.

La noche anterior a la partida, cuando finalmente están preparados, celebran con bailes típicos, hacen un gran ritual entre todos los habitantes del Imperio Original donde cada uno ofrenda un símbolo afín a los talentos elegidos para ir al encuentro con el Alma y juntos, comenzar una nueva aventura en un cuerpo, en un tiempo, en un espacio, en un clan. El Alma atesora todas las memorias de manera inmaterial de tus experiencias vividas en todas tus vidas y de todos los futuros posibles. Tal vez no creas en vidas pasadas o en la reencarnación, tranquila, no tienes que hacerlo. Pero seguramente en tus creencias has escuchado hablar del Alma.

Puedes darle el sentido que desees. Podemos decir, integrando saberes y conceptos, que el Alma es el reservorio inmaterial (volátil) que junto al Espíritu (Dios, fuente, unidad) y al cuerpo (la parte física) constituyen quienes somos aquí y ahora. Luego de esta disrupción necesaria, seguimos con este hermoso cuento.

El despegue es emotivo, todos desbordan de felicidad. Despiden con honores a los tres custodios sabiendo que jamás volverán al Imperio Original. Su misión es acompañar eternamente al alma donde pertenecen los talentos.

No podría decirles cuánto dura el viaje porque el tiempo que conocemos es lineal y el espacio es tridimensional, pero algo me dice que hay otras formas de tiempo y espacio.

Tal vez lo sé por mis fascinantes viajes en los sueños lúcidos. Tal vez lo sé por escuchar atentamente los relatos impresionantes de Martino, mi amado hijo, cuando se despertaba a los saltos y, apresurado, me decía —¡Mamá! Me fui volando y visité muchos lugares, yo sabía que estaba durmiendo, me vi acostado y simplemente me fui—. Tal vez lo sé por las tantas otras vidas que mi hija Sara supo ver en regresiones. Tal vez lo sé porque aún me duele un punto en el cuello, un punto como un puñal que pudo mermar —no mucho— cuando finalmente me vi ahorcada siglos atrás por atesorar saberes "peligrosos" para sanar. Tal vez lo sé porque he comenzado a recordar.

Los Guardianes de Talentos se preparan, están llegando al destino, al Útero de Almas. Es una especie de globo flexible, transparente, inmenso en medio de la oscuridad.

Allí están moviéndose, jugando en ese gran útero que los protege mientras esperan que la cápsula los venga a buscar.

—¿Cómo saben los Guardianes cuál es el Alma que debe encontrarse con sus talentos?

En el tiempo de entrenamiento, la Gran Diosa les transmite, con mucho amor, que llegado el momento sabrán encontrarla y no habrá dudas. Esto les genera algo de temor a la Maga, al Ángel y a la Dragona que, durante el aprendizaje en el Imperio Original, se preguntaban:

—¿Y si nos equivocamos? ¿Y si le entregamos los talentos a un Alma equivocada?

La Diosa, que todo lo escucha, se acerca y con ternura, pero con firmeza, les dice, *confíen, lo sabrán*.

Y de repente, la cápsula se detiene y comienza a emitir un resplandor de luces doradas y tornasoladas. Todo es maravilloso, mágico.

La Dragona Roja se incorpora y lanza su fuego sensacional.

El Ángel Turquesa despliega un manto de luz color mar que engloba al Útero y a la cápsula.

La Maga Sabia envía un puente de color plateado hacia el útero.

Esperan, saben, confían.

El Útero de las Almas se aquieta, se apacigua. Sabe que llegó el momento en que una de ellas emprenderá el viaje.

Todo es silencio y calma. Hasta que una pequeña luz comienza a moverse lentamente. Se abre un camino en absoluto respeto para que pueda trasladarse hacia el puente. Al llegar, la luz traspasa el Útero bajo un destello hermosísimo que le regalan el resto de las Almas que quedan a la espera de su oportunidad.

Los tres guardianes la reciben, la honran. —Es hora de seguir nuestro viaje, aquí tienes tus talentos —le dicen.

Y así, en una ceremonia iniciática, el puente regresa a la cápsula, el Útero de Almas vuelve a danzar, la Dragona, la Maga y el Ángel redireccionan la cápsula y el Alma se abraza a sus Talentos.

Un nuevo viaje comienza. ¿El destino? La Tierra.

Todas las almas llegamos con talentos, si dices que no tienes ninguno, será tal vez que no te has mirado lo suficiente. Es hora, estás preparada, mírate y reconoce tu valor original. Has venido con talentos, descúbrelos: esa es tu misión.

Te espero en la **página 325**.
¡Está tu cápsula esperándote!

CAPÍTULO 60

Símbolos

S i te muestro un corazón,
si te muestro una paloma blanca,
si te muestro una corona de laureles,
si te muestro los anillos olímpicos,
si te muestro el yin-yang,
si te muestro la bandera LGTB,
¿en qué piensas?

Los símbolos son elementos e imágenes visuales que tienen por función representar ideas o condiciones y transmitir significados de relevancia para las personas de manera individual o colectiva. Esto dicen las definiciones tradicionales, los diccionarios.

Entendido esto, vamos a zambullirnos en lo *simbólico* desde la magia, que es lo que más me gusta.

Uno de los primeros saberes aprendidos en la universidad, que luego resignifiqué en mis estudios de Enseñanzas Ancestrales Escuela Cristal y Cosmovisión Andina, es que los dos hemisferios del cerebro (izquierdo y derecho) interactúan muchas veces de manera despareja, frente a lo cual no tenemos conciencia.

Históricamente, hemos priorizado el izquierdo, aquel que se asocia con la lógica, lo analítico, lo conocido, es decir, lo consciente. En la educación tradicional, generalmente, se pone especial énfasis en *pensar, escribir, leer, sumar, multiplicar, memorizar.* Por supuesto que todo esto es necesario, pero al poner tanta energía en ello, hemos desvalorizado el desarrollo de nuestra otra mitad.

Entonces, ¿qué sucede en el hemisferio derecho?

El hemisferio derecho es el no-lógico, reservorio de la creatividad, un lenguaje totalmente diferente al izquierdo porque es puramente *simbólico* e inconsciente.

Miguel Valls, creador de la Escuela Cristal, dice en su libro *El Manual del Iniciado*: "Los Magos aprendemos a alinear y equilibrar nuestros dos hemisferios, sabiendo generar la estrategia lógica adecuada para crear nuestra realidad, bajándola de manera no lógica", en otras palabras, de manera simbólica.

El objetivo, entonces, es integrar ambos hemisferios y, en esa integración, potenciar el valor que cada uno aporta para manifestar nuestros propósitos.

Pero ¿cómo despertamos el hemisferio derecho?

En este capítulo, lo que me interesa es que logres identificarlos a ambos. En los próximos capítulos compartiré contigo cada uno de los símbolos que usaremos, entenderemos su sentido y valor ancestral.

No obstante, quiero que recuerdes amorosamente tus juegos infantiles. Sí, ¡a recordar un poquito mirando hacia atrás!

¿Por qué ir a los juegos infantiles?

Porque en esos momentos de nuestra vida, el placer lúdico ocupaba gran parte del día. Sin lugar a dudas, jugar libremente y desplegar el vuelo de la fantasía infinita nos abría el portal a la creación: el juego individual con los amiguitos del jardín de infantes, entre hermanos o primos, con los vecinos; jugar y encarnar un rol, dividir tareas y funciones, jugar al mecánico, al vendedor, al científico; experimentar por el mero placer del juego sin ningún otro objetivo.

En el juego de la infancia descubrimos habilidades, descubrimos capacidades, nos aburrimos, nos divertimos, nos enojamos, ganamos, perdemos.

Jugamos a ser súper heroínas, a ser magas, a ser princesas, a ser presidentas, a ser artistas, cantantes, astronautas, veterinarias, bailarinas. Es la creación en su máxima expresión.

Si en este preciso instante comprendes que, si vuelves a jugar, desde tu adultez, estarás vibrando con la energía de tu hemisferio derecho, estarás sin ninguna duda, *despertando a la maga interior.*

Entonces, juega. ¡No hay pero que valga!

CAPÍTULO 61

Los cuatro elementos

*F*uego, *Aire, Agua, Tierra*
Cuatro elementos universales.
Cuatro elementos fundamentales.
El principio de todo lo creado.
Poderosos.
Indestructibles.
Eternos.
Se encuentran.
Se separan.
Se mezclan.
Y en esos movimientos
crean vida
y muerte.
Fuego, Aire, Agua, Tierra
Cuatro maneras en que la energía se muestra.
Biología primaria de nuestro mundo.
Biología primaria de mi propia vida.
Soy los cuatro elementos y cuando los reconozco vivos en mí,
asumo que soy algo más y voy más allá de ellos.
Mágicamente asoma el quinto elemento.

Me gusta la palabra *éter* para nombrar ese más allá que dirige, ordena y conecta al fuego, al aire, al agua, a la tierra con un sentido único en mi camino.

Desde lo más denso a lo más sutil,

soy tierra, agua, aire, fuego.

Desde lo más sutil a lo más denso,

soy fuego, aire, agua, tierra.

Soy Fuego

Soy certeza absoluta, disipo todas las dudas.

Soy pasión,

soy poder creador,

soy vida, también muerte.

Encarno el poder de los Dioses y de las Diosas.

Atraigo.

Soy sexualidad.

Soy luz.

Soy conciencia porque con ella te alimento para que sigas vivo

en mí.

Soy Aire

Soy el tiempo y todas las líneas del tiempo que creo con mi palabra.

Soy la información, la idea, el concepto, el sonido.

Aire y cambio de aire.

Transformo la materia que pasa por mi aire.

Uno sin mezclar.

Creo mi espacio donde nada ni nadie entra sin mi permiso.

Soy Agua

Soy mi verdad.

Circula en mi sangre, mi agüita.

Y a través de mi sangre viaja mi código genético con todas las verdades de mi clan: algunas conscientes, sabidas, reconocidas, habladas y, otras tantas, vedadas, silenciadas, ocultas, prohibidas, reprimidas.

Soy Tierra

El lugar en su máxima expresión.

Soy materia.

Soy acción.

Mi cuerpo, mi lugar.

Mi punto de origen.

Todo lo creado.

Mi aquí y ahora.

La magia vive en mí porque soy consciente de que viven en mí los cuatro elementos primarios y fundamentales en absoluta sincronicidad con la vida universal.

Hermagas y *hermagos*, hagamos juntos esta visualización para reconocer al fuego, al aire, al agua y a la tierra vivos y activos.

Toca la tierra con tus manos, visualiza cómo tu cuerpo se va transformando en tierra y en voz alta di:

"Yo (tu nombre) te reconozco tierra, viva en mí y me reconozco viva en ti. Desde este momento tu y yo formamos una unidad. Bienvenida tierra a mi existencia".

Visualiza el elemento agua, todo en ti se convierte en un infinito océano y en voz alta di:

"Yo (tu nombre) te reconozco agua, viva en mí y me reconozco viva en ti. Desde este momento tú y yo formamos una unidad. Bienvenida agua a mi existencia".

Visualiza el elemento aire, todo en ti se convierte en aire, fluido, liviano y en voz alta di:

"Yo (tu nombre) te reconozco aire, vivo en mí y me reconozco viva en ti. Desde este momento tú y yo formamos una unidad. Bienvenido aire a mi existencia".

Visualiza el elemento fuego, tu cuerpo arde, la llama en tu interior se transforma en un fuego poderoso y en voz alta di:

"Yo (tu nombre) te reconozco fuego, vivo en mí y me reconozco viva en ti. Desde este momento tú y yo formamos una unidad. Bienvenido fuego a mi existencia".

Fuego, aire, agua, tierra están despiertos.

Hagamos magia.

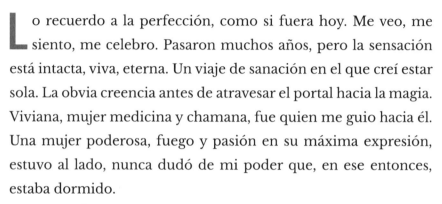

CAPÍTULO 62

Animales de poder

L o recuerdo a la perfección, como si fuera hoy. Me veo, me siento, me celebro. Pasaron muchos años, pero la sensación está intacta, viva, eterna. Un viaje de sanación en el que creí estar sola. La obvia creencia antes de atravesar el portal hacia la magia. Viviana, mujer medicina y chamana, fue quien me guio hacia él. Una mujer poderosa, fuego y pasión en su máxima expresión, estuvo al lado, nunca dudó de mi poder que, en ese entonces, estaba dormido.

Recuerdo con emoción ese encuentro mágico y determinante en mi vida personal y profesional. **Todos los caminos y procesos tienen momentos específicos, en magia lo llamamos *kairos*, que significa una nueva línea de tiempo que se abre, transformando todo el escenario.** Una decisión que vira el timón y modifica conscientemente el rumbo.

Allí estaba, una tarde de primavera, acostada en la camilla, dispuesta a meterme en las profundidades de mis misterios.

Mientras Viviana agitaba sus plumas abriendo el Espacio Sagrado al ritmo de sus cantos chamánicos, sabía que algo profundo estaba por suceder.

Una meditación guiada me transportó a un viaje hacia las profundidades de la tierra, a través de las raíces de un árbol milenario. A través de ellas me deslizaba aguerrida y poderosa cada vez más adentro, más abajo, más y más. Mi cuerpo acalorado y mi mente controladora se calmaron y le brindaron el poder de expandirse a mis sentidos y alma.

Todo a mi alrededor estaba oscuro, pero nunca sentí miedo. Podría decir, más bien, que nada se sentía más seguro que eso. Cada vez más abajo, más profundo. Llegar al corazón de la tierra era el objetivo de este viaje. No sabía para qué, pero en ese momento no me importaba, simplemente fluía en libertad y amplificación espiritual.

Hasta que escuché las palabras de Viviana: "Allí está tu animal de poder, te está esperando, te ha elegido, míralo".

Y en plena oscuridad, lo vi. Mientras escribo estas líneas, mi piel erizada recrea la emoción de ese instante. Sus ojos amarillos fueron lo primero que pude identificar y, en ellos, la mirada de la mágica conexión. Él era yo y yo era él. Asentí muy suavemente con mi cabeza, mis ojos se iluminaron y se acercó lenta pero elegantemente, rodeándome con determinación. Me envolvió amorosamente y comenzamos a ascender juntos, poderosos.

Mi animal de poder, mi primer animal de poder: serpiente, *Amaru* mágica. Llegaste a mi existencia para invitarme a despertar con mayor compromiso.

Llegamos juntas a la superficie, dejamos atrás las profundidades de la madre tierra y regresamos en una canoa; yo remaba y ella, esbelta, erguida señalaba el camino.

Otra vez el tambor, las plumas, los cantos, Viviana me invita a regresar suavemente.

Me pregunta: —¿Encontraste tu animal de poder?

Mi sí fue rotundo. La certeza, la sensación vivida, es inconfundible. ¡La magia tiene eso! No cabe lugar a la duda.

Hola serpiente sabia, Amaru, llegaste a mi existencia para acompañar mi despertar consciente, imito tu danza oscilante, vives dentro de mí, vivo dentro de ti, asciendes certera y poderosa, desde la tierra hacia mi coronilla, ayudándome a unir mi tierra con mi divinidad, mi sur con mi norte, mi abajo con mi arriba. Te recibo serpiente, tú y yo formamos una unidad.

Lo recuerdo como si fuera hoy, ese día comprendí lo que significaba estar despierta y lo que significaba estar dormida. **Ese día entendí que nunca estamos solos en los caminos de sanación.** La serpiente fue mi primer animal de poder, el inaugural.

¿Por qué la serpiente? ¿Por qué no otro animal?

Fue la serpiente la que tenía que llegar porque ella simboliza, en mi existencia, la trasmutación, el renacimiento, la transformación profunda, la energía primitiva, la conexión con el mundo mágico. Es la conexión entre la luna y el sol, entre el agua y el fuego. Es fertilidad, astucia, intuición, liderazgo, sanación, misterio, conciencia. Es el infinito de sabiduría y curiosidad.

Lo recuerdo como si fuera hoy, una mujer que en ese instante murió, dejó su piel, y renació transformada. Reencarné simbólicamente y la serpiente reencarnó en mí con todos sus atributos. Somos unidad sagrada.

¿Todos tenemos animal de poder?

¡Sí, por supuesto! Ellos están, aunque no lo sepas. El valor de hacerlo consciente es que, al reconocerlos e identificarlos, puedes elegir cómo aplicarlos a tu vida. **Si necesitas intuición invocarás a la serpiente, si necesitas amplitud invocaras al cóndor, si necesitas alegría invocarás al colibrí, si necesitas certezas y valentía invocarás al puma.**

Hay muchos animales de poder, guardianes y compañeros de viaje. Guías en nuestros procesos de inspiración y sanación, presentes aun sin conocerlos, eternos y fieles. Custodios que te acompañan en tu andar.

Te invito a que prestes atención, tus sentidos harán de brújula y, si deseas encontrarte con tu animal de poder, llámalo. Di: *"Animal de poder ven a mí, te recibo con amor, conciencia y me dispongo a honrar tus atributos, dicho está".*

Podrán aparecer en sueños, en meditaciones, en tu realidad.

¿Cómo me doy cuenta de que es ese y no otro?

Lo sabrás, simplemente lo sabrás.

CAPÍTULO 63

Propósito: construcción lógica

N uestras fantasías, los cuentos tradicionales y las películas nos dicen que en la magia uno pide un deseo y alguien con una varita o con palabras mágicas hace aparecer eso que deseamos. Debo decirles que, para nosotros los magos, la magia es algo muy diferente.

Ser magas de nuestra existencia es, en primer lugar, asumir que no necesitamos ni a ninguna hada madrina ni a ningún salvador que pretenda hacer por nosotras lo que no nos atrevemos. Ser magas es asumir que contamos con todo el poder interior para transformar nuestra realidad.

En este capítulo voy a compartir ese secreto mágico que existe entre el desear algo y conseguirlo. Transformaremos el deseo en un *propósito* (no son sinónimos). ¡Tranquilas! Paso a paso.

Tener un propósito comienza con un deseo, una idea a veces vaga o difusa, a veces específica y clarita.

Quisiera

Me gustaría

Que lindo sería si....

Ojalá

Alguna vez

Si pudiera

Se me ocurrió

Frases que usamos para nombrar los deseos. ¿Las has dicho alguna vez?

A veces lo que deseamos se cumple, otras veces no.

A veces somos conscientes de lo que hacemos cuando identificamos un deseo, otras no tenemos idea y vamos a tientas y a ciegas.

A veces, los deseos se eternizan en nuestra mente, entregándonos a una injusta resignación.

Y otras veces, los transformamos en *propósitos* y nos convertimos en magas.

Un propósito necesita, en primer lugar, de un deseo: "Deseo escribir un libro". **A este deseo le pondremos una estructura mental concreta, un lenguaje específico para que en determinado momento se manifieste, se vuelva real y posible porque si no definimos bien nuestro deseo, difícilmente pueda manifestarse, hacerse realidad.**

Estamos hablando de la estructura lógica del propósito. Es, ni más ni menos, que ordenar nuestra mente, darle un enfoque, darle especificidad. Sería algo así como limpiar nuestro deseo de todo aquello que distraiga o confunda.

No es lo mismo decir "quiero adelgazar" a "elijo pesar 70 kg antes de diciembre de 2022".

No es lo mismo decir "necesito tener pareja" a "elijo crear una relación de amor y pasión con un ser afín a mí antes de julio de 2023".

No es lo mismo decir "pido un trabajo nuevo" a "elijo una actividad laboral en la que despliegue mis habilidades, que me genere placer y abundancia, antes del mes 9 de 2025".

El primer aspecto que destaco es la gran diferencia entre *quiero* y *elijo*. **Las magas no queremos, no pedimos, no necesitamos; por el contrario, *elegimos* con conciencia y protagonismo.** Asumimos desde el inicio que somos responsables de nuestra vida y, en consecuencia, de las decisiones y transformaciones que buscamos.

¡Una maga siempre *elige* conscientemente!

El segundo aspecto que debe quedar clarísimo es que debemos establecer siempre una fecha concreta. Lo que no dejamos dicho claramente quedará librado al azar. Si tu deseo es compartir tu vida con un ser afín a ti, debes identificar la línea de tiempo. *"Antes de"* es una buena manera de indicar un plazo real, considerable, posible.

El tercer aspecto muy importante es saber elegir las palabras correctas. No da igual decirlo así nomás. **Recuerden que la palabra crea realidad.** Cuando decimos "quiero adelgazar" no estamos diciendo que elegimos estar delgadas. Estrictamente estamos diciendo que queremos vivir un proceso de adelgazamiento: "adelgazar", entonces tu inconsciente lee: quiere subir y bajar de peso en forma reiterada. Otro ejemplo, "quiero tener pareja" significa que llegarán a tu vida parejas propiamente dichas, personas que están en pareja, hombres o mujeres casados o comprometidos.

Entonces una vez que definimos nuestro propósito debemos responder la siguiente pregunta: *¿En qué mejora mi mundo con este propósito?* Si no lo dejamos dicho, la vida puede empeorar.

Supongamos que en el propósito dejas dicho que eliges que llegue a tu vida un ser afín a ti para compartir amor y pasión. Pero no dices que la vida con tus hijas e hijos se vuelve más amorosa y unida, que tu círculo de amistades se amplía, que sigues manteniendo tus espacios de individualidad, etc.

Si nada de esto planteas, tal vez llegue ese ser afín a ti, pero el vínculo con tus hijos e hijas empeorará, tus espacios desaparecerán, perderás amigos o amigas. De esta manera tu existencia no evolucionará. *¡Debes dejar dicho cómo y en qué mejora tu mundo!*

Finalmente, deberás identificar qué actitud interna desplegar para llegar a tu propósito. Y para esto nos ayudaremos de dos preguntas guía: *¿Qué me sobra? ¿Qué me falta?*

Si, por ejemplo, mi propósito es expandir un emprendimiento, puede sobrarme miedo, pereza, inseguridad, omnipotencia, desorden. Puede faltarme perseverancia, capacidad para delegar, confianza, alegría, osadía.

Identificamos las habilidades, capacidades que necesitamos expandir o integrar y las que tenemos que trascender.

¿Vieron que no es lo mismo tener un deseo que crear un propósito?

Para finalizar, les comparto unos de mis propósitos para que entiendan la construcción lógica escrita.

Yo, desde mi existencia y delante de toda forma de existencia, elijo escribir un libro de evolución consciente y magia que inspire a millones de seres en el mundo y salga a la venta antes de diciembre de 2021. Mi vida profesional se expande, mis afectos celebran y disfrutan junto a mí. Mi alma brilla en un contexto de paz, creatividad y afinidad a mi proceso de existencia consciente. Integro la fluidez, el juego, la alegría, la creatividad. Trasciendo la exigencia desmedida. Lo declaro desde mis dos energías femeninas y masculinas. Elijo como testigos a la madre tierra,

al abuelo fuego, al aire y agua, a mi guías y fuente, unidad creadora.
¡Dicho está, dicho está, dicho está!

¡Te espero en la **página 326**
para crear tu propósito!

CAPÍTULO 64

Propósito:
construcción simbólica – despacho ritual

E n el capítulo anterior aprendimos a darles lógica y orden a nuestros deseos, aprendimos a crear un propósito. **Un paso necesario pero insuficiente ya que no seríamos magas si no incluyéramos los símbolos.** Las invito a zambullirse en lo que llamamos Construcción simbólica del propósito. Es, ni más ni menos, una traducción de lo escrito en tu bitácora a través de un despacho ritual.

¿Qué es un despacho ritual? Es una ofrenda a la tierra. La primera vez que escuché este nombre fue en una formación sobre Cosmovisión Andina, enseñanza ancestral de una comunidad llamada *Q´eros*. Les cuento brevemente quiénes son.

La nación *Q´ero,* situada en el Alto Perú, es considerada la última *ayllu inca* o la última comunidad Inca de Perú. Son conocidos como los guardianes de la sabiduría de los Andes. Reconocida por la UNESCO como patrimonio universal.

Cuenta la historia que, al llegar los conquistadores a Perú, los sacerdotes incas decidieron dirigirse hacia las montañas para asegurar su supervivencia. Dicen que, en los momentos de mayor peligro, sus rituales y su magia los hicieron invisibles para los españoles quienes pasaban por al lado sin poder verlos.

Desde ese entonces, y durante quinientos años, permanecieron sin contacto alguno con la civilización. Hasta que Nicolás Pauccar Calcina, sacerdote, chamán, mago, sanador y oráculo andino, aprendió español con el fin de crear puentes con otras culturas y transmitir los saberes ancestrales para la evolución de conciencia en el mundo.

Nicolás decía que **"no se encuentra nada en ningún lugar, no busco lugares sagrados, sino que cada uno tiene que ser sagrado en pensamiento y en la expresión de sus palabras"**.

Su padre le había dicho desde pequeño que había nacido para ser un eslabón en la cadena de guardianes *missayuqkuna* (sacerdote andino guardián del conocimiento ancestral andino).

En su caminar de divulgación compartió su saber con Miguel Valls, nacido en Valencia, España, portador de la Frecuencia Cristal, un tipo de vibración que le permite crear, integrar información y compartirla de una manera simple y efectiva, brindando a la gente herramientas para armonizar los tres cuerpos (físico, psíquico y energético). Miguel Valls, desde niño, porta un don natural para ver y manejar el mundo energético. Reconocido alto sacerdote en la cosmovisión andina por la cultura *Q'ero*, creador de la Escuela Cristal y la Enseñanza Diamante, una escuela iniciática (de la que formo parte) de saberes integrados. Un espacio de formación para la evolución y la creación consciente de realidad. Integra herramientas y disciplinas del mundo del ocultismo, la magia, el chamanismo y las enseñanzas iniciáticas.

Me parece importante contarles esta historia y honrar el origen de los saberes que generosamente nos comparten personas con un corazón gigante. **Mi reconocimiento y respeto a Nicolás**

y Miguel, magos inmensos, y mi reconocimiento y respeto a la nación Q´ero.

En este momento, soy yo la que elige ser puente para acercarles algo de todo lo aprendido y, para eso, comenzaremos diciendo que toda construcción simbólica utiliza símbolos (serían los ingredientes de una sabrosa torta). Cada símbolo que pondremos es esta ofrenda llamada *despacho*, tiene un sentido, una ubicación y un orden.

Símbolos:

* Hojas de laurel (vivas, recién sacadas del árbol). Si no tienen laurel, cualquier hoja de árbol sirve. ¡Atención! Antes de tomarlas, pidan permiso a la planta y den las gracias. Las hojas de laurel representan el triunfo, el logro. A través de ellas le daremos vida a nuestro propósito. El inconsciente representa la vida en aquello que está vivo.

* Azúcar blanca: representa la dulzura en el proceso que iniciamos.

* Azúcar morena: representa que todo lo que queremos sacar también sea en forma dulce y amorosa.

* Arroz: representa el crecimiento.

* Maíz: representa la expansión y multiplicación.

* Lentejas: al tener forma de moneda, simbolizan la prosperidad y el dinero.

* Fideos soperos en forma de letras: simbolizan la conciencia, el conocimiento, el saber, las buenas palabras a integrar, las malas palabras a borrar.

* Pasas de uvas: son para que todo pase a la tierra y se borre de nuestra vida. Sirve para todo lo que queremos quitar.

- Grasa (puede ser animal o vegetal): representa la fuerza, la intensidad, la atracción.
- Canela (o cualquier esencia como agua florida, copal o incienso): representa la buena energía. El buen aroma genera una buena energía.
- Algodón: es un filtro entre el pasado y el futuro. Ordena el tiempo.
- Dulces: representan el color, lo vital, la alegría.
- Brillantina, *glitter* o purpurina: representa el brillo, el éxito.
- Billetes, dinero (puedes usar reales o de fantasía): representan el valor.

Como toda ofrenda, necesitará un papel de regalo, no metalizado.

Repasando, ya sabemos qué es un despacho, conocimos de dónde viene lo que te voy a enseñar aquí, identificamos los símbolos que usaremos. ¡Ahora hagamos magia!

¡Te espero en la **página 326** para hacer magia!
Te sugiero que, antes de llevarlo a cabo, elijas el momento.
Es importante que no te apures a hacerlo ya que
es un ritual profundo, significativo y poderoso.

CAPÍTULO 65

Hoja de ruta

Quiero confesarles que siento una vibración hermosa; una fuerza arrolladora que va brotando palabra tras palabra, símbolo tras símbolo, capítulo tras capítulo; una espiral mágica de evolución y sanación que nos integra a miles de mujeres alrededor del mundo.

Inspiro, exhalo muy profundo, siento cada nueva hoja nacer. Siento tu renacer. El despacho realizado en el capítulo anterior expande una energía de transformación y poder hermosa. También lo percibes, ¿verdad?

Recapitulemos. En los últimos capítulos has aprendido a crear tu propósito. Ya sabes lo que deseas, ya sabes en qué mejora tu mundo, ya sabes las virtudes a integrar y las fallas a trascender. Has traducido todo eso a un lenguaje simbólico a través del despacho ritual. Fue necesario, mas no es suficiente.

Ahora es tiempo de tomar tu mochila y echarte a andar. **Porque ninguna maga se queda sentada esperando a que la magia suceda.** Para eso te enseñaré otra útil y bonita herramienta: la hoja de ruta.

¿Puedes relacionarla con una especie de brújula de nuestro propósito?

¡Claro que sí! La hoja de ruta nos permite un *hacer* ordenado y planificado. Observen la siguiente imagen:

Hoja de ruta

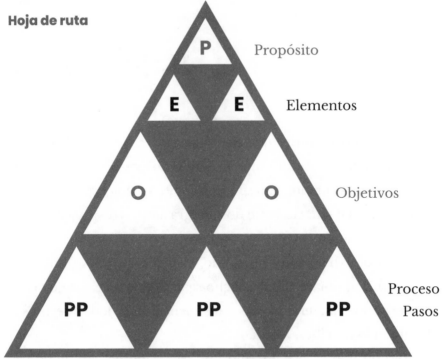

Hoja de Ruta, Escuela Cristal.

En la cima de este esquema en forma de pirámide colocaremos a nuestro propósito, a nuestra meta. Pero previo a ello, debemos pasar por una serie de instancias que nos ayudarán a ordenar nuestra realidad: elementos, objetivos, pasos.

¿De qué nos hablan los elementos?

Los elementos son todas las ideas que surgen para acercarte a tu meta, a tu propósito. Cuando digo "todas las ideas" estoy diciendo *todas*. Ninguna se descarta, aunque parezca ridícula, imposible, irrisoria, inviable, bizarra, ilógica, quimérica. **Aunque no usarás todas las ideas, la posibilidad de expandir la mente quitando todo tipo de limitaciones, te permitirá ampliar tu visión y, de esa manera, podrás llegar a la *idea*, el *elemento* justo**

y apropiado. Muchas veces son ese tipo de ideas las que abren camino y cumplen únicamente la función de llevarte al elemento definitivo, al que se ajusta a tu propósito.

Repasando. En cada triángulo debajo del propósito, escribe *todas* tus ideas.

¿De qué nos hablan los objetivos?

Los objetivos están en conexión directa con los elementos elegidos. Un elemento puede tener uno o varios objetivos. Cada objetivo te indicará la acción concreta a llevar a cabo. Ubícalos en los triángulos debajo de los elementos.

¿De qué nos hablan los pasos?

El paso es la acción en sí misma. Es lo real, lo conmensurable. Ubícalos en la base de la pirámide.

Por ejemplo, supongamos que el propósito es "vivir en Bariloche, Argentina antes de diciembre de 2022".

En elementos podríamos poner:

* Tomar un mes de vacaciones en alguna montaña.
* Hacer un curso de fotografía sobre la naturaleza.
* Aprender a hacer chocolates.
* Abrir un canal en *youtube* compartiendo el día a día hasta lograr el propósito.
* Aprender idiomas para acompañar a turistas en excursiones.

De todos estos elementos, eliges comenzar con los idiomas.

Los objetivos para ese elemento pueden ser:

* Lunes y viernes tomar clases de inglés.
* Martes y jueves tomar clases de portugués.

¿Y los pasos?

Es la clase en sí misma, es decir, que el lunes *estaré tomando* la clase de inglés. Es el hecho en sí mismo.

Ahora bien, es importante entender que esta herramienta es una unidad y que, si bien está fraccionada en tres instancias diferenciadas y específicas (elementos, objetivos, pasos), todas funcionan en plena sincronicidad en pos del *propósito* que es la meta mayor. ¡No hay que olvidarlo! ¡Los hilos los mueve el propósito!

No sé si te habrás percatado de que en esta pirámide hay triángulos invertidos. ¿Los has visto? Son las *sombras*, los obstáculos, todo aquello que traccione en contra para hacerte desistir: ideas, emociones, conductas.

¿Qué hacemos cuando surjan?

Primero te diré lo que no has de hacer: rechazarlas, reprimirlas, desconocerlas. Muy por el contrario, **a la sombra le daremos un lugar en esta historia, le daremos entidad para transformarla en luz.**

En nuestro ejemplo, una de las sombras puede ser la *pereza*. La escribes en uno de los triángulos invertidos e inmediatamente estableces una acción concreta para darle entidad en lo real y dejarás escrito en tu hoja de ruta: "el día miércoles no haré nada, me quedaré en pijama mirando una serie".

Es una forma de alimentarla conscientemente. ¿Para qué? Para que cuando aparezca no te sientas *culpable*.

Esto es importantísimo que lo tengas bien claro: las sombras y los obstáculos aparecerán siempre que te dirijas hacia un nuevo propósito en tu vida. Son necesarios porque te indicarán a qué deberás estar atenta. De esta forma, tus debilidades, al tener un lugar y hacerlas conscientes, no tendrán tanta fuerza porque ellas irán a la par sin necesidad de anular o destruir tus deseos: "Hola pereza, el miércoles te doy lugar para que no acabes con mi objetivo".

La hoja de ruta será perfectible a medida que la transitas. Tendrá tantas modificaciones como consideres necesario hacer.

Me encanta pensarla como ese mapa físico en el que marcas todos los lugares por donde deberás pasar para llegar al destino. Un mapa arrugado, con manchas de café o helado. ¡Eso es, tu guía para llegar a tu deseo en lo real!

¡Cuando te sientas lista, inicia tu hoja de ruta!

CAPÍTULO 66

Arquetipos de evolución consciente

*G**uerrera*, bienvenida a mi universo.

Despierta, despierta, despierta.

A través de ti me dirijo poderosa hacia mi propósito,

impecable,

vigorosa,

determinada,

convencida.

No temo a los obstáculos externos

pues asumo que son producto de los conflictos internos.

Los observo, los reconozco, los transformo, los uso a favor y me impulso aún con mayor fuerza.

Soy guerrera,

soy guerrera,

soy guerrera.

Solitaria, bienvenida a mi universo.

Despierta, despierta, despierta.

A través de ti me encuentro con mi ser.

Silenciosa,

reflexiva,

introspectiva.

Protejo mi espacio de distracciones mundanas.

Y en un diálogo honesto

me dispongo a reconocerme,

autoevaluarme,

perdonarme,

aceptarme,

e impulsarme.

Soy solitaria,

soy solitaria,

soy solitaria.

Aventurera, bienvenida a mi universo.

Despierta, despierta, despierta.

A través de ti creo utopías.

Alegre,

entusiasmada,

apasionada,

osada,

desafiante.

disciplinada.

Me muevo hacia mi propósito creyendo en mi poder,

asumiendo que puede salir mal,

que las tormentas pueden sacudirme,

pero jamás detenerme.

Soy aventurera,

soy aventurera,

soy aventurera.

Maga, bienvenida a mi universo.

Despierta, despierta, despierta.

A través de ti despliego el juego mágico.
Divertida,
gozosa,
creativa,
feliz,
plena,
espontánea,
auténtica.
Transformo toda la realidad que tengo en la realidad que deseo.
A través del lenguaje simbólico
creo rituales,
amuletos de poder,
con conciencia y amor.
Soy maga,
soy maga,
soy maga.

CAPÍTULO 67

Diosas ancestrales. Despierta a tu diosa

Cuenta la mitología que, hace miles de años (tal vez hasta 25 000 años antes del surgimiento de la religión masculina), en la vieja Europa la *gran diosa* era venerada en las culturas de la época.

Gran Diosa —*Astarté, Ishtar, Inanna, Nut, Isis, Astoreth, Nammu*, entre tantos otros nombres— venerada por tus pueblos, allá a lo lejos, mucho antes de que te sometieran las religiones masculinas.

Gran Diosa, fuerza femenina en íntima conexión con la naturaleza y la fertilidad, de ti dependía la creación y destrucción de la vida. Inmortal, inmutable y omnipotente.

Gran Diosa, única en un mundo donde aún no existían los dioses. Venerada por una sociedad pacífica, equitativa, igualitaria, amante de las artes, en plena sincronicidad con la tierra y el mar.

Gran Diosa, la historia mitológica nos cuenta que llegó ese brutal día en que la invasión indoeuropea, "patrifocales", amantes de la guerra, fue inevitable y fuiste destronada, vulnerada, sometida. Dicen que allí nació el concepto de violación (4500 y 2500 a. C.). Tus poderes y atributos te fueron ferozmente arrebatados, robados, secuestrados para ser usados por las deidades masculinas emergentes.

Te convirtieron obligatoriamente en esposa de los dioses invasores que se volvieron protagonistas e inauguraron un nuevo ciclo en la historia.

Todo parecía indicar que comenzabas a morir como diosa, prisionera, despojada, desvalida. El caos hizo añicos el tiempo de paz, igualdad y poder femenino.

La dualidad se hizo carne desde los planos más provocativos. Parecía que la energía femenina moría para darle vida a la masculina, olvidando durante un tiempo que ambas energías están presentes, juntas y colaborativas todo el tiempo en todos los seres.

Sin embargo, morir no fue tu decisión; tomaste partes de tu ser, silenciosa y astutamente, las envolviste en telas sagradas y enviaste a varios de tus fieles mensajeros a esconderlas en lugares donde solo podían ser encontradas por las elegidas.

Así, la Gran Diosa vive en *Artemisa*, diosa de la caza y la luna. Artemisa simboliza la independencia femenina con valor y amor propio. La dirección la establece su deseo. Nada ni nadie tienen el poder de disuadirla. Artemisa sabe hacia dónde se dirige, sabe cómo hacerlo, con valía y determinación.

Vive en *Atenea*, diosa de la sabiduría y la artesanía. Representa la expansión de la mente como atributo de poder. Estratega, pragmática, precisa, audaz, guerrera, resuelta. No hay emoción que la desborde, más bien, ordena las emociones y las usa a favor. Atenea piensa, disfruta y resuelve en medio de tormentas y huracanes.

Vive en *Hestia*, diosa del hogar y de los templos. Hestia simboliza la paz y serenidad interior. Se concentra en su mundo interior, que es donde están todas las respuestas. Mira hacia adentro para sentir y ver, y logra despejar las distracciones que nublan el camino.

Vive en *Hera*, diosa del matrimonio. Hera simboliza el amor, el compromiso y la fidelidad a través del ritual del matrimonio. Reconoce, en este acto simbólico, el prestigio, el respeto, la honorabilidad.

Vive en *Deméter*, diosa de las cosechas, madre y nutridora. **Deméter simboliza la capacidad de alimentar, de nutrir, dispuesta a cualquier sacrificio personal por el bienestar de sus hijas e hijos.** Portadora de una fuerza arrolladora, imparable e inquebrantable frente a quien ose lastimar a su descendencia. Encarna la abundancia y el dar. Sostiene, abraza, ofrenda seguridad y bienestar.

Vive en *Perséfone*, doncella (*koré*) y reina del mundo subterráneo. Representa dos aspectos enlazados: como doncella, la inocencia propia de la juventud y como reina, la madurez y la evolución personal. Simboliza la juventud, la potencial transformación, la receptividad a los diversos contextos en ocasiones traumáticas. Sus atributos poderosos son la flexibilidad y apertura.

Vive en *Afrodita*, diosa del amor y la belleza. Representa el placer del amor, la belleza, la sexualidad, la atracción, la creatividad, el carisma, la sensualidad. Expande una fuerza arrolladora y genera a su alrededor un mágico encantamiento. Su fuego interno despliega un magnetismo erótico irresistible a través del cuerpo y los sentidos. Representa un cuerpo gozoso y vibrante. Afrodita encanta.

Gran Diosa, vives en cada una de las diosas. Diosas con diferentes nombres según sea el lugar de origen. Diferentes formas de nombrarte.

Gran Diosa, vives en el imaginario colectivo de todas las mujeres que habitamos la humanidad.

Gran Diosa, nos acompañas pacientemente mientras despertamos del adormecimiento histórico que estratégicamente nos ha convencido de que solo existes en los cuentos.

Gran Diosa, tomamos en plena gratitud tus partes envueltas en sedas sagradas. No es necesario ir a buscarlas fuera porque entendemos que viven en nuestro ADN femenino. Somos contigo la Gran Diosa. Solo resta invocarte conscientemente a través de las siete diosas que portan tus atributos.

Gran Diosa, vives en los millones de mujeres que brotamos en tu nombre.

CAPÍTULO 68

Las tres S: sexualidad, sensualidad, seducción

T res hadas celtas se encontraron una noche de luna llena en el *nemeton*.

¿Alguna vez escucharon ese nombre? **Los *nemeton*, en la mitología celta, eran bosques con árboles considerados sagrados donde se encontraban druidas, hadas, diosas y sacerdotisas para realizar sus rituales.** Creían que los árboles, entre ellos el roble, conectaban, a través de sus ramas, al mundo superior con el mundo inferior, por medio de sus raíces.

La luna redonda, hermosa, gigante y misteriosa iluminaba el árbol majestuoso, templo sagrado. Sus ramas pensantes abrazaban la danza de las hadas. Su tronco robusto atesoraba en sus venas internas las memorias de los innumerables rituales mágicos practicados con devoción a lo largo de la historia.

Las hadas, emocionadas, comenzaron el ritual en perfecta sincronicidad. Aladas y brillantes dibujaron un triángulo plateado alrededor de la base del árbol. Cada una se ubicó en un vértice e inició un delicado baile. Las aves ofrendaban su canto, las flores su perfume, el viento su frescura. Delicadamente ascendieron hasta llegar a lo más alto de la copa. El triángulo plateado en la base se expandió a la par de las hadas, creando una gran burbuja resplandeciente y poderosa que envolvía por completo al *nemeton*.

Bajo una mirada cómplice, las hadas supieron que había llegado el momento. Cada una pidió permiso al árbol y, con delicadeza, eligieron las hojas más bellas.

Todo alrededor hizo silencio. El viento, las flores, la luna y las aves comenzaban a ser testigos del ritual.

Empezó el hada más revoltosa y risueña, con cabellos rojizos y alas turquesas, quien acercó la hoja a sus labios diciendo:

"Hola hoja sagrada, hija de *nemeton*, a través de ti integro la *sexualidad*, la energía que permite conectar desde la autenticidad, disfrutar, sentir pasión y placer en cada cosa que se emprende, en cada vínculo que se inicia. Integro la fluidez y la libertad. Trasciendo el sacrificio, el peso, la queja y la rigidez porque entiendo que están en las antípodas de la expansión sexual. Me dispongo a ser portal y ofrendar este decreto a todas las mujeres que estén atrapadas en los programas de la vergüenza, de la culpa, de la desconexión con sus cuerpos, del pudor, la represión. ¡Dicho está!".

Luego, fue el turno del hada más bella, de ojos oscuros y mirada penetrante, alas doradas, piel aterciopelada:

"Hola hoja sagrada, hija de *nemeton*, a través de ti integro la *seducción*, la capacidad de jugar con conciencia, la capacidad de atraer a través del placer y la fluidez. Entiendo, comprendo y asumo el poder de la picardía. La picardía como atributo corre los límites de la mente que miente. **Con la picardía es posible relajarse frente al otro, asumiendo el ser auténtico sin tener**

que cumplir con roles impuestos por el afuera. Me dispongo a ser portal y ofrendar este decreto a todas las mujeres que están atrapadas en los programas de la idealización, de los patrones y mandatos sociales y familiares. Me dispongo a llevar luz y animarlas a descubrir que quien se relaciona desde la autenticidad y el juego, atrae. ¡Dicho está!".

Finalmente, fue el turno de la tercera hada, impecable con su cabello largo y sus manos delicadas que trasmitían un aroma indescriptiblemente hermoso:

"Hola hoja sagrada, hija de *nemeton*, a través de ti integro la *sensualidad*, la habilidad de crear contextos bellos para que la sexualidad crezca y pueda manifestarse. Contextos hermosos, sublimes, mágicos, detalles, aromas, en armonía para expandir el poder imparable de la energía sexual. Me dispongo a ser portal y ofrendar este decreto a todas las mujeres que están atrapadas en los programas del abandono personal, del menosprecio y vergüenza corporal, de la pereza, de la desconexión con su diosa Afrodita interior. ¡Dicho está!".

Inmediatamente tres rayos de luz blanca brotaron a través de las ramas del árbol en el *nemeton*, encandilando el bosque. Las tres hadas besaron la tierra, besaron el árbol y desaparecieron en distintas direcciones en un instante.

Queridas mujeres, debo pedirles que estén atentas, dicen que las tres hadas andan por las noches de luna llena susurrando y ofrendando los decretos a todas aquellas mujeres que están brotando. ¡Reciban en gratitud! Honren sus tres *S*.

CAPÍTULO 69

Estás lista

Tienes todo listo, pero la emoción es tan grande que repasas todo una vez más, no quieres olvidarte de nada. La bitácora mágica está. La vela está. La piedra está. La pluma está. Los aromas elegidos están. Los amuletos de poder están. Suspiras profundamente pues sabes lo que va a suceder.

Tomas un baño y sientes la suavidad del agua acariciando tu cuerpo, mientras tus manos se mezclan con ella, tocando parte por parte honrándolo, cuidándolo.

Eliges para vestir esa prenda que tienes especialmente reservada para hoy. Te perfumas con ese aroma que habla de ti: rosas, café, mar, noche, luz, tierra mojada, viento, lluvia, paz, fuego...

Hoy es un día especial. Finaliza *Brota* y, como todo final, debe ser celebrado. ¿Por qué celebrar? Porque las agallas que has tenido para llegar hasta aquí merecen ser reconocidas.

Tienes todo listo, tú también estás lista, feliz, radiante. Te sonríes frente al espejo diciendo —¡Lo has logrado!—.

De repente, oyes el llamado, ese sonido inconfundible, un aullido femenino poderoso. Todas escuchan. Todas saben que es tiempo de encontrarnos.

Una a una, van llegando a ese bellísimo bosque imaginario desde diferentes direcciones, portando su bolso mágico. Los aromas se entremezclan, los vestidos vuelan al compás del viento y del vuelo de los cóndores.

Un fuego inmenso les da la bienvenida invitándolas a formar el círculo de amor y transformación jamás visto. La luna llena saluda, hermosa, inconmensurable.

Miles de mujeres y almas van llegando en paz, en perfecta sincronicidad reconociéndose *hermagas* de camino.

Y, por supuesto, allí estoy recibiéndolas una a una, descalza, sostenida por la madre Tierra, portando mi magia a través de mis brazaletes de Avalon (isla de la mitología Celta, donde las manzanas crecen todo el año y habitan nueve diosas), mi cinturón *Chalice Well* (jardines y manantiales profundos y mágicos en Glastonbury, Inglaterra), mi capa de poder, mi vestido Diosa Universal, mi sagrada gargantilla de Dragona original y mi corazón lleno de amor y admiración.

—Bienvenidas *hermagas*. Las valoro, las honro, las reconozco diosas, protagonistas de su propia existencia. Han tenido las agallas para asumirse responsables de sus vidas y transformarse. Soy testigo de la profundidad de sus procesos y por eso en este maravilloso ritual de poder femenino, declaramos (repitan conmigo):

"Yo (tu nombre) desde mi existencia y delante de toda forma de existencia, soy valor, soy amor, soy existencia divina y me comprometo a partir de este momento a expandir mi luz, a proteger mi verdad, a honrar mi camino y compartir esta dicha con todas las almas que lleguen a mi vida. Sanamos en comunidad. Dicho está".

Y así, a través de este poderoso círculo de amor ofrendamos al abuelo Fuego nuestras bitácoras mágicas como símbolo de nuestro proceso de sanación, entre lágrimas y liberación, entre gritos y risas, entre aplausos y aullidos creando una burbuja de energía radiante que logra ir más allá de las estrellas.

La noche llena de vitalidad por tan sentida celebración va dando lugar a los primeros rayos del sol que anuncian el inicio de un nuevo ciclo. La tierra recibe amorosamente las cenizas de las últimas brasas que el fuego va dejando.

Cenizas, transformadas por la tierra en nuevas semillas listas para ir al encuentro de las próximas mujeres que elijan *BROTAR*.

PARTE 4

Magia

EJERCICIO DEL CAPÍTULO 1

Nombre heredado, nombre creado

Te invito a dar inicio a este mágico proceso de transformación de tu vida con un ritual simple y sutil. Acercarnos desde la fluidez y alegría a lo denso y doloroso. Te acompaño, estoy presente. Te envío una burbuja de energía amorosa y envuelvo de luz tu primer ritual.

* Toma una foto donde estés tu sola. Puede ser de bebé, de niña, de adolescente, de adulta, actual o pasada. Elígela con tiempo, no tomes la primera que encuentres.
* Prende una vela, para que el fuego traiga pasión y valor.
* Prende un incienso, para que el aire traiga espacio, entendimiento.
* Pon una copa con agua, para que traiga buen ánimo.
* Pon una piedra, para que la tierra traiga acción.
* Responde: ¿qué significa tu nombre a partir de hoy según tú? Escríbelo en un papel y déjalo junto a la foto durante siete *días*.
* Al cabo de esos siete *días*, haz un pozo y entrega ese papel escrito a la tierra diciendo:
  "Hola madre Tierra, te entrego con amor el significado de mi nombre, le he dado un nuevo sentido. Agradezco la historia familiar en este nombre, la suelto porque entiendo, comprendo y asumo que yo soy dueña de mi propia existencia. Gracias madre, me reconozco en ti, te reconozco en mí".
* Tapa el pozo, besa la tierra y ¡disfruta!

¡Bienvenida a tu vida!

Reconozco quién soy y quién no soy

Haz una lista de lo primero que aparezca en tu mente, sin eliminar ningún pensamiento. En este ejercicio nos permitimos jugar usando todo, absolutamente todo lo que tu mente te diga (no vale hacer trampa: cuando es todo... es todo).

¿QUIÉN SOY?	¿QUIÉN NO SOY?

EJERCICIO DEL CAPÍTULO 3

Mi historia familiar

* Elige alguna historia que sea significativa en tu vida. Puede haber sido contada por tu madre, padre, abuelos, tíos. Escríbela tal cual la recuerdes.
* Escribe los personajes que forman parte.
* Identifica y escribe qué rol o función cumple cada uno de ellos.
* Identifica dónde estás tú en esa historia.
* Identifica tu rol y función.
* Pregúntate y responde: ¿He elegido ser ese personaje? ¿He elegido vivir esa historia?

EJERCICIO DEL CAPÍTULO 6

Identifico los "deber ser" de mi vida

Te invito a que, en tu bitácora mágica, hagas una lista de todos esos *deber ser* que a lo largo de tu vida has obedecido sin cuestionamiento alguno.

* En tu infancia, en tu adolescencia, en tu juventud, en tu adultez.
* En cada área: familiar, social, institucional, laboral.
* Colorea de un tono oscuro aquellos que te hayan generado o te sigan generando dolor, rechazo, displacer.

El objetivo aquí es identificar, *ver*. ¡Calma, ya los quitaremos! Te acompaño.

EJERCICIO DEL CAPÍTULO 7

Las leyes que aplico en mi vida

En este ejercicio, te propongo que identifiques tres costumbres que tengas aprendidas como lo que sí está bien que hagas y tres costumbres que tengas aprendidas como lo que no está bien que hagas.

Una vez que las hayas escrito en tu bitácora mágica, intenta recordar cuándo las aprendiste y de quién. Escríbelo.

❋ Pregúntate: Estas leyes que aplico en mi vida, ¿me hacen feliz?

EJERCICIO DEL CAPÍTULO 8

¿Vivo o existo?

Te invito a realizar un cuadro de doble entrada (sí, sí, como los que hacías en el colegio), día por día.

❋ ¿Qué registrarás? Lo que haces habitualmente, aquello que sea significativo o recurrente. Escribe lo que llena tu vida día a día.

❋ Cuando lo hayas completado, reflexiona observando el cuadro completo, ¿vives o existes?

	LUN	MAR	MIÉ	JUE	VIE	SÁB	DOM
MAÑANA							
TARDE							
NOCHE							

EJERCICIO DEL CAPÍTULO 9

Los arquetipos que habitan en mí

Durante siete días, te propongo identificar a estos tres arquetipos en ti misma: víctima, salvador y verdugo. Las preguntas a continuación serán de gran ayuda para que logres identificarlos con mayor facilidad. Deja el registro en tu bitácora mágica.

* *¿Cuándo? Identifica el día. Por ejemplo*: lunes 13.
* *¿Dónde? Identifica el lugar. Por ejemplo*: en mi casa.
* *¿Quién lo desencadena? Identifica a la persona que activa la respuesta automática. Por ejemplo*: mi pareja.
* *¿Qué lo desencadena? Identifica el acontecimiento que desencadena la respuesta automática. Por ejemplo*: mi pareja llegó del trabajo y estuvo indiferente, no me preguntó cómo había estado mi día, se sentó a mirar televisión y me ignoró.
* *¿Cuáles son los pensamientos que surgen? Identifica los pensamientos que comienzan a aparecer en tu mente. Por ejemplo*: no tiene derecho a llegar y aislarse, es un egoísta, soy la única que se ocupa de todo en la casa.
* *¿Cuáles son las emociones que surgen? Identifica las emociones que sientes. Por ejemplo:* enojo, tristeza, frustración, desvalorización.
* *¿Cuál es el comportamiento? Identifica la acción. Por ejemplo:* cara de enojada y ofendida, y frente a la pregunta "¿qué te pasa?" de tu pareja respondes, "nada" con tono furioso.

Este es un ejemplo del arquetipo de víctima, pero las preguntas valen para identificar a los tres.

Encuentro con mis propias Esfinges

* Medita sobre los obstáculos, limitaciones, *Esfinges* que has vivido en tu vida.
* Elige tres, escríbelas en tu bitácora mágica.
* Identifica qué emociones, sensaciones, pensamientos despertaron en ti cuando no encontrabas la respuesta o la solución.
* Durante tres días, di:
  "Yo (tu nombre) te reconozco *Esfinge* como la maestra que me permite pulirme para llegar transformada a mi propósito. Te valoro, me valoro, gracias. Dicho está".

Valoro la vida

En este ejercicio te propongo integrar el valor, intentando reconocerlo en las pequeñas tareas y acciones cotidianas, también en las relaciones familiares, laborales, sociales, enmarcadas en un decreto que funcione como mantra durante los próximos siete días. Te sugiero lo repitas al despertar. Di:

"Yo (tu nombre) aquí y ahora desde mi existencia y delante de toda forma de existencia declaro que me valoro al cien por ciento, valoro todo lo que hay en mi vida al cien por ciento y valoro todos los procesos que he vivido al cien por ciento. Valoro lo mejor y lo peor en mí. Valoro mi vida. Lo declaro desde mi energía femenina y masculina. Dicho está".

Evalúa qué cosas, relaciones o situaciones de tu vida te *cuestan* y te *valen*. Escríbelas en tu bitácora mágica.

EJERCICIO DEL CAPÍTULO 13

Encuentro con mis miedos

Te propongo que elijas una noche donde la luna, el fuego, el aire, el agua y la tierra sean testigos. Para ello, te sugiero algunas ideas:

* Para simbolizar el fuego, puedes hacer una pequeña fogata si el lugar donde vives te lo permite. También puedes prender fuego en un cacharro o cacerola.
* Para simbolizar el aire, puedes encender un sahumerio.
* Para simbolizar el agua, puedes poner agua en una vasija, vaso o copa.
* Para simbolizar la tierra, puedes poner algunas piedras o un poco de tierra en un pequeño contenedor.
* Una vez que tengas estos elementos listos, escribe al menos tres miedos. Tienen que ser miedos recurrentes que te limiten. Escribe cada uno de ellos en un papel y uno por uno los entregas al fuego diciendo:

  "Yo (tu nombre) te reconozco (nombra el miedo escrito). Entiendo que has estado todo este tiempo en mi vida para que evolucione y me impulse hacia mis propósitos. Asumo que cada vez que avance aparecerás para recordarme que ser valiente no significa *no sentir miedo*, sino que ser valiente significa avanzar *aun sintiendo miedo*. Esto lo declaro desde mis dos energías (masculina y femenina)".

En un acto bello, simple y mágico lograrás amigarte con tus miedos, acordar convivir en mayor armonía para avanzar y evolucionar hacia tus propósitos.

EJERCICIO DEL CAPÍTULO 14

Lo que se oculta detrás del cansancio

En este ejercicio tomaremos conciencia de nuestros cansancios.

* Durante los próximos tres días, escribe en tu bitácora mágica tres frases que te escuches decir. Frases que hablen de tu *cansancio*. Por ejemplo:

  "¿Nadie se da cuenta de que no puedo con todo?".

  "No soporto más el dolor de espalda".

  "¿Cuándo será el día en que me toque a mí?".

* Una vez que las tengas identificadas y escritas, juega a decir lo que está oculto en esas palabras dichas. Por ejemplo:

  "¿Nadie se da cuenta de que no puedo con todo?". —Exigencia, control, autosuficiencia, dificultad para pedir ayuda, nadie lo hará mejor que yo.

"No soporto más el dolor de espalda". —¿Cuáles son las cargas que llevo de más? Asumir responsabilidades que no me corresponden, hacerme cargo por demás para que me quieran. "¿Cuándo será el día en que me toque a mí?". —Desvalorización, baja estima, carencia, castigo.

Recuerda que es un juego. Jugar nos ayuda a fluir y distender la rígida estructura que nos limita y encarcela. Juega, fluye con ideas y palabras. ¡Nadie te evaluará, nadie te mirará, nadie te condenará!

¡Te acompaño!

EJERCICIO DEL CAPÍTULO 15

Identifico mis pensamientos invasores

En voz baja, para no levantar la perdiz —como diría mi abuela— te dejo esta tarea. ¡Cuidado! *ELLOS* andan por ahí.

Es muy importante que dediques tiempo y energía a hacer una pausa para identificar, ver, reconocer, darte cuenta.

En general buscamos librarnos de todo lo que nos duele, molesta, irrita o incomoda, sin advertir el valor que aporta a la transformación de nuestro interior.

Con paciencia, y valor, aquí nos proponemos simplemente *VER*.

Con *valor, templanza* y *compasión*:

* Identifica un *ELLO* que sientas que te persigue o que sientas que ya forma parte de tu vida.

- Dibújalo en tu bitácora mágica. ¡Atención! No hagas una silueta de palitos, comprométete con tu *ELLO* acosador y haz una buena creación: forma, color, características.
- Ponle un nombre.
- Escribe qué sientes cuando no logras escapar de él.

Transformo el control en luz

Te invito a reconocer el control, asumir cuánto ha condicionado tu vida y a incorporarte con fuerza tal como lo hizo Carola.

- Elige un lugar en la tierra, playa, campo, plaza o jardín.
- Haz un círculo con azúcar blanca refinada para anidar tu decreto y recuéstate dentro.
- Cierra los ojos y respira trece veces observando cómo el aire ingresa y sale por tu nariz. Hazlo de manera pausada, no te preocupes por los pensamientos que lleguen para distraerte, déjalos que sigan su camino. Solo respira. Di:
"Hola madre Tierra, me dejo sostener por ti. Confío en ti. Gracias, control, por mostrarme mis miedos, ya no los necesito porque entiendo, comprendo y asumo que para mi vida elijo el disfrute, la plenitud, la confianza, el valor, la aceptación, la libertad. Elijo ser soberana de mi tiempo y mis deseos. Acepto que la única certeza es la muerte y me comprometo a amigarme con ella. Esto lo declaro desde mis dos energías, femenina y masculina. Dicho está".

- Dibuja este ritual en tu bitácora mágica.
- Escribe tres palabras que representen lo que este ritual ha generado en ti.

¡Te acompaño, te abrazo, te valoro!

EJERCICIO DEL CAPÍTULO 17

Suelto las expectativas

¡Qué sabia y maravillosa es la naturaleza! En este ritual te invito a encarnar a la sabia araña tejedora y a la distraída mosca.

- Dibuja una bella tela de araña en tu bitácora mágica.
- Escribe las expectativas que en tu vida te hayan condicionado y limitado.
- ¡Atención! Identifica en cuáles has sido araña y en cuáles has sido mosca.
- Lleva tu bitácora a la naturaleza y di:
  "Yo (tu nombre) reconozco que he sido araña cuando (nombra las expectativas escritas) y he sido mosca cuando (nombra las expectativas escritas). Entiendo que me han limitado enormemente. A partir de este momento elijo soltarlas para mi evolución y construir una vida llena de posibilidades, escuchando la voz de mi alma. Esto lo declaro desde mis dos energías, masculina y femenina. Dicho está".
- Cierra este ritual, ofrendando azúcar blanca a la naturaleza como símbolo de armonía, amor, alegría y creatividad.

Identifico mis zonas de confort

¿Cómo vas sintiendo el proceso que tan valientemente has comenzado? Quiero reconocer tu valor y valentía porque transformarse es un verdadero acto de osadía. Sabes que estoy para acompañar cada paso que des.

* Te invito a dibujar en tu bitácora mágica un globo con un piolín atado a una piedra. Es un globo que no puede volar.

* Dentro de él, escribe lo que en tu vida cotidiana te genere comodidad porque es conocido pero que no es para nada placentero. Por ejemplo, puedes identificar como habitual las discusiones con tu pareja. Estás acostumbrada a vivirlas, conoces cómo funcionan en la vida diaria, pero sin ningún lugar a dudas no te hacen feliz.

* Al lado, dibuja un globo libre, volando y dentro de él escribe todo lo que sientes que te haría feliz realizar en tu vida. Por más lejano, imposible, ideal que pueda parecer no escatimes en sueños y deseos. Ya llegará el momento en que veremos cuáles de esos sueños son los que elegirás transitar. Por ahora, todo cuenta, todo vale.

* Una vez finalizado, toma un globo real, ínflalo y libéralo al aire diciendo:
  "Yo (tu nombre) entiendo que le he creído al mentiroso confort. Comprendo que me he acomodado a vivir en un globo sujetado a una piedra. Asumo que a partir de este momento libero mis sueños e iré paso a paso animándome a volar. *¡Dicho está!*".

EJERCICIO DEL CAPÍTULO 21

Sanación sin trampas

Paso a paso, vas consolidando tu sanación. Te propongo un ritual sencillo, sin trampas.

* Identifica una trampa que te hayas hecho a lo largo de tu adultez. En cualquier área de tu vida: laboral, familiar, social, financiera. Debe ser una trampa limitante. Ejemplo: la trampa es quejarte de que nadie te ayude y no tienes tiempo para ti. Pero en verdad lo que te falta es agallas para elegirte y valorarte.

* Lleva en la muñeca de tu mano no hábil durante siete días una cinta que diga "trampa, ya no me entrampas" (Si necesitas llevarla más tiempo, ¡adelante!).

* El objetivo es que estés *advertida* de tus trampas cotidianas y logres reconocerlas. Ya nos ocuparemos más adelante de transformarlas.

* Al séptimo día la entregas al fuego y dices: "Hola abuelo Fuego, te ofrendo a través de esta cinta todas mis trampas limitantes que me alejan de mis propósitos y deseo. ¡Gracias!".

EJERCICIO DEL CAPÍTULO 22

Mi cuerpo

Este capítulo te ha hecho suspirar. Intenso, complejo y desafiante, como lo que te propongo ahora. Vamos a ejercitar la observación consciente, con valentía y amor.

- Invitamos a los cuatro elementos universales: fuego (vela), agua (una copa con agua), aire (sahumerio o una pluma), tierra (una piedra o una vasija con tierra) para que sean testigos amorosos de nuestro gran paso.
- Frente a un espejo, te desnudas poco a poco, como quitando las capas de distracciones.
- Comienzas a observar cada parte de tu cuerpo: cabello, ojos, orejas, boca, cuello, hombros, brazos, manos, senos, vientre, caderas, genitales, piernas, rodillas, muslos, pies, dedos. Voltéate y, con un espejo pequeño, mira tu espalda, glúteos, piernas, cintura, pantorrillas, codos, talón, etc.
- Solo observa, deja que tus pensamientos transiten sin juicio y sin condena.
- Luego de unos minutos observándote, toma un aceite con aroma bello y dile: "Hola aceite, despierta, despierta, (sóplalo tres veces para que reciba nuestro aliento, nuestra alma, nuestro sello) tú simbolizas el amor y el perdón que merezco".
- Y lentamente lo expandes por cada parte de tu cuerpo.
- Al finalizar, cierra los ojos unos minutos, poniendo tu atención en tu respiración.
- Abre los ojos y di: "Soy perdón, soy amor".

¡Ya estoy vibrando con este ritual!

¡Qué belleza!

¡Nos honro, hermanas de camino!

EJERCICIO DEL CAPÍTULO 24

Muerte consciente

Es mi deseo celebrar tu valor. Si estás aquí es porque tu fuerza y tu poder se van expandiendo. El ritual que te ofrendo en este capítulo es uno de los más poderosos y profundos. La guerrera y la maga están activas en ti, están despiertas. Bienvenida a tu muerte consciente, para tu vida consciente.

* Escribe en papelitos todo lo que identifiques que llegó a su fin en tu vida:

  ¿Peleas?

  ¿Escasez económica?

  ¿Inseguridad?

  ¿Una relación tóxica?

  ¿Recuerdos que te atan al pasado?

  ¿Miedos?

  (Cada uno debe ser escrito en papeles distintos).

* Desnuda en una noche elegida, en un espacio donde nada ni nadie te interrumpa, enciende una vela y ubícala al norte, prende un sahumerio y ubícalo al este, pon una piedra que te guste al sur y una copa de agua al oeste formando un cuadrante.

* En el medio del cuadrante pon un papel barrilete.

* Abre un espacio sagrado diciendo:

  "Yo (tu nombre) desde mi existencia y delante de toda forma de existencia dejo morir todo lo que ya no me sirve en mi vida".

* Toma el primer papel escrito y cerca de tu boca para que reciba tu aliento, di:

"Perdóname, te perdono, me perdono. Doy por concluido, trascendido, liberado y sanado todo conflicto que tenga contigo". Rompe el papel, con fuerza, con actitud, representa con tus gestos y con tu cuerpo la muerte, lo que llegó a su fin. Haz lo mismo con cada uno de los papeles escritos.

* Apoya cada uno de los papeles rotos, muertos, en el centro del papel barrilete.
* Toma un puñado de pasas negras y di:

  "Hola pasas, a través de ustedes dejo morir estas experiencias, formas, actitudes. Gracias, las dejo morir".
* Toma un puñado de azúcar negra:

  "Hola azúcar, a través de ti borro de mi existencia estas experiencias, formas, actitudes. Gracias, las dejo morir".
* Entrega un mechón de tu pelo o un poco de tu saliva o una gota de sangre como símbolo de tu código genético, para que muera en tus memorias, en tu agüita, en tu verdad, lo que ya no te sirve.
* Toma un puñado de golosinas para darle alegría y celebración.
* Cierra tu paquete: de derecha al centro, de izquierda al centro, de abajo al centro, de arriba al centro. Ponle una cinta para cerrarlo.
* Ofrenda a la tierra, haz un pozo:

  "Hola madre Tierra, te entrego mi muerte. Agradezco a cada una de estas experiencias, he aprendido, me he reconocido, pero ya no las elijo para mi vida. Gracias madre, me reconozco en ti, te reconozco en mí". Besas la tierra y lo tapas.

¡Has muerto, has renacido!
¡Te acompaño, te valoro, te reconozco *hermaga*!

EJERCICIO DEL CAPÍTULO 25

Empodero a mi niña interior

En cada capítulo levantamos un poco más la vara. Te recuerdo que aquí estoy, junto a ti. Quiero decirte que sé lo que estás sintiendo: las emociones, los recuerdos o la falta de ellos. Estoy presente a través de estas palabras con las que acaricio a tu niña herida.

* Te invito a susurrarle al oído a tu niña diez frases que la animen a despertar su *poder interior*.

* Toma una foto real o dibujada de tu niña muy pequeña.

* Dile con voz suave y amorosa las diez frases. Es la mejor ofrenda para su vida, tu vida.

* Entrégale a la foto o el dibujo, azúcar blanca, golosinas, purpurina, flores.

* Al finalizar le dices:

   "Yo (tu nombre) desde mi existencia y delante de toda forma de existencia, me reconozco en mi niña, me amo, me sano, me empodero, me divierto, juego, bailo, canto. Celebro cada una de mis virtudes y las transformo en mérito, en crédito y poder. Dicho está".

* Entierra la foto con los elementos que le has puesto diciendo: "Hola madre Tierra, te ofrendo a mi niña interior empoderada, llena de vitalidad, valor, fluidez y merecimiento. Gracias madre, vives en mí, vivo en ti".

Un paso más en tu camino de evolución consciente. Te aplaudo, te acompaño. Celebro tu valor, reconozco tu poder.

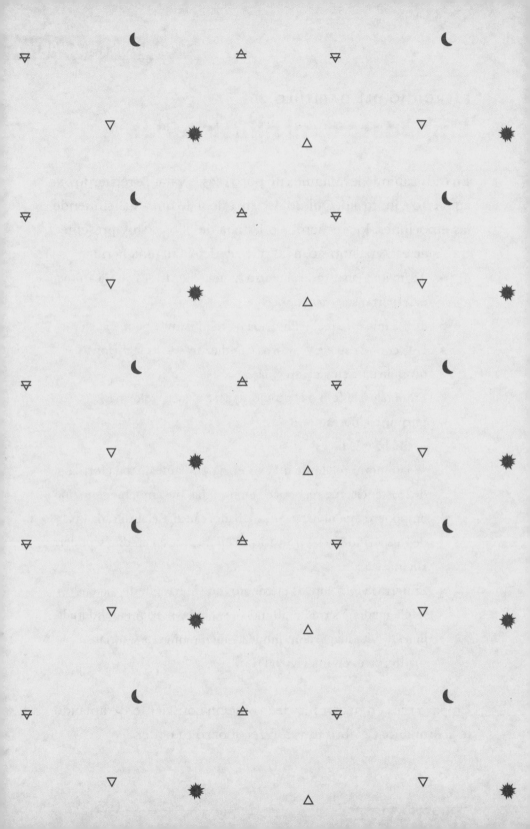

EJERCICIO DEL CAPÍTULO 28

Ritual de mi existencia

Bienvenida a este maravilloso ciclo. ¡Con mucho entusiasmo y valor trasformaremos el dolor que develamos en la Parte 1, en un diamante brillante!

En este primer ritual, te ofrendo una serie de puntos a identificar durante tres días consecutivos. Pase lo que pase, estaré bien. Estamos bien, valemos. reconozco mis méritos.

* Identifica tres miedos recurrentes y poderosos.

    Dejaremos que los pensamientos aterradores sean livianos y no se instalen. Solemos vivir pensando que lo peor siempre está por llegar. Agrandamos los problemas y los hacemos enormes, estos pensamientos llenos de miedo son afirmaciones negativas. No las expulsaremos, simplemente dejaremos que estén ahí, como la sombra que acompaña el paso a paso, pero esta vez no pondremos nuestra energía en ellos. Nos reiremos cuando intenten distraernos y les diremos:

    "No soy vos, soy el testigo, que todo lo observa".

* Identifica tres méritos.

    Templanza con nosotras mismas. La templanza es la capacidad de ser soberanas sobre nuestro propio tiempo y procesos. El apuro y la ansiedad son trampas que tomamos cuando nos resistimos a aprender la lección y en este viaje, el proceso es lo que nos va a llenar. Soltaremos el resultado y disfrutaremos de cada paso.

* Repite este mantra:

"Soy perfecta, en la imperfección humana, me valoro al cien por ciento, me amo al cien por ciento y me comprometo a ser responsable de mi existencia respetando los tiempos de mi proceso, arropando el error como el maestro necesario para nuestra evolución. ¡Dicho está!".

Somos maravillosa existencia, me elogio, reconozco que soy valiosa y valiente. No me regañaré, no me castigaré, me dispongo a recibir y a dar luz.

Sonrisa, risa y humor aun cuando en el camino encontremos angustia, le pondremos una sonrisa; con ella la sombra será más amorosa, con la risa nos diremos que aun lo más oscuro y doloroso estará allí porque es necesario que esté para nuestra evolución.

Me reiré un rato todos los días, escucharé chistes, sonreiré a los pájaros, a los árboles, a los niños que encuentre en cada paseo. Amo mi cuerpo. Estaré atenta a qué le pongo a mi cuerpo, con qué y cómo lo alimento, qué me hace sentir pesada o me baja el ánimo y qué me da energía; cómo lo trato cuando me baño, cuando me peino, cuando le doy agua.

* Al despertar saluda a tu cuerpo, dile que le agradeces por ser el vehículo que te permite estar en este plano para jugar y ser. A cada órgano, agradécele su función.

* Nos llenamos de la gracia del aquí y ahora, y para eso estarás atenta a tu respiración. Si bien respirar es un acto automático, lo haremos consciente y en cada inspiración dirás: "Soy existencia, ¡aquí y ahora!".

EJERCICIO DEL CAPÍTULO 30

Ritual para liberarme de mamá y papá

Mamá – madre

* Cierra los ojos. Respira profundamente.

* Pronuncia en voz alta la palabra *mamá*.

* Trae a tus pensamientos situaciones desagradables o displacenteras con mamá en algún momento de tu vida (por ejemplo, de dolor, reclamos, ausencias, abandono que hayas sentido en el vínculo con tu mamá).

* Cuando tengas esa imagen en tu mente, vas a asociar una emoción. ¿Cuál es esa emoción? ¿Cuál es la primera que viene a tu pensamiento? Elige esa, la primera que surja.

* Ubica esa emoción en algún lugar puntual de tu cuerpo. ¿Dónde sientes a mamá?

* Pon tu mano en ese lugar. Respira profundamente y con los dedos de tu mano realiza una presión. Di en voz alta lo que asociaste a "mamá". Ejemplo: soledad. Repite esta acción tres veces.

* Saca la mano de ahí como si quitaras el dolor o lo que hayas dicho.

* Coloca una mano en el área del timo (pecho, corazón) y di en voz alta:
"*Mamá* es la mujer que me dio el cincuenta por ciento de mi código genético en forma de óvulo más nueve meses de incubación y se llama (di el nombre de tu mamá en caso de saberlo)".

A través de este ejercicio hemos reconocido y declarado que tenemos una mamá. Hemos reconocido su función. No nos debe nada, nada le debemos a ella. Hemos roto el enlace entre mamá y construcción social.

Papá – padre

* Cierra los ojos. Respira profundamente.
* Pronuncia en voz alta la palabra *papá*. Mantén los ojos cerrados.
* Trae a tus pensamientos situaciones desagradables o displacenteras con papá en algún momento de tu vida (por ejemplo, de dolor, reclamos, ausencias, abandono que hayas sentido en el vínculo con tu papá).
* Cuando tengas esa imagen en tu mente, vas a asociar una emoción. ¿Cuál es esa emoción? ¿Cuál es la primera que viene a tu pensamiento? Elige esa, la primera que surja.
* Ubica esa emoción en algún lugar puntual de tu cuerpo. ¿Dónde sientes a *papá*?
* Pon tu mano en ese lugar. Respira profundamente y con los dedos de tu mano realiza una presión. Di en voz alta lo que asociaste a *papá*. Ejemplo: *vergüenza*. Repite esta acción tres veces.
* Saca la mano de ahí como si quitaras el dolor o lo que hayas dicho. Abre los ojos.
* Coloca una mano en el área del timo (pecho, corazón) y di en voz alta:
  "*Papá* es el *varón* que me dio el cincuenta por ciento de mi código genético a través del esperma y se llama (di el nombre de tu papá en caso de saberlo)".

A través de este ejercicio hemos reconocido y declarado que tenemos un *papá*. Hemos reconocido su función. No nos debe nada, nada le debemos. Hemos roto el enlace entre *papá* y construcción social.

Puede que *ninguno* de los dos haya cumplido tus expectativas sociales, pero de esta manera ya no te debe nada. Has resuelto la expectativa social que tenías construida culturalmente.

Autor del ritual: Cosmovisión Andina. Nicolás Pauccar Calcina

EJERCICIO DEL CAPÍTULO 31

Poder natural y poder personal

* Toma tu bitácora mágica.
* Haz dos columnas.
* En una de ellas escribe PODER PERSONAL.
* En la otra escribe PODER NATURAL.
* Detalla el poder que identificas en cada una o por el contrario la falta de poder. Por ejemplo, en Poder Personal: *exitosa directora de escuela* que es uno de tus personajes sociales. En Poder Natural: *amo hacer pastelería, pero no lo hago por falta de tiempo.*
* La idea es que puedas identificar si ambos poderes están enemistados, si solo hay poder en uno de ellos o si se complementan en armonía.
* Una vez finalizado, *crea* un dibujo en el que ambos poderes convivan armónicamente.

Te acompaño con amor y magia. ¡Vas muy bien!

Ritual del aquí y ahora

Te invito a hacer este hermoso ritual. Puedes hacerlo en soledad o con un ser que ames y en el que puedas confiar.

* Elige una melodía donde escuches correr el agua.
* Enciende una vela.
* Pon una vasija con agua.
* Ten a mano una piedra.
* Ten a mano una pluma o sahumerio.
* Puedes estar desnuda o con alguna prenda liviana que te haga sentir la desnudez de tu cuerpo, el cabello suelto.
* Elige una posición cómoda, sentada, arrodillada, parada, pero no acostada.
* Cierra los ojos.
* Visualiza trece troncos que corran por el río y a medida que vayan apareciendo, de a uno, dale una palabra, una forma, una emoción, una escena, un pensamiento. Uno a uno.
* No te detengas, déjalos continuar su curso.
* Cuando hayan pasado los trece troncos, quédate en silencio respirando de manera consciente durante el tiempo que necesites.
* Cuando te sientas lista, di en voz alta:
  "Yo (tu nombre) soy perfecta presencia, aquí y ahora. Suelto el ayer, suelto el mañana. Disfruto el hoy, soy existencia".

Has dado un paso muy importante. ¡Te celebro!

EJERCICIO DEL CAPÍTULO 34

Ritual del testigo despierto

Despertemos al *testigo*, ha estado durmiendo demasiado tiempo.

Lo ideal sería que durante sesenta y seis días (tiempo necesario para que se transforme en hábito y quede integrado) dediques 3 minutos al iniciar tu día con el siguiente decreto:

"Yo (tu nombre) no soy tú (identificas los pensamientos que poco a poco asoman: desvalorización, miedo, inseguridad, envidia, ira, frustración, etc.). *Soy el testigo, solo te observo*".

Si no logras sostenerlo esta cantidad de días, no te presiones. Lo importante es que comiences, y hagas lo que te resulte posible.

Aquí estoy, acompañándote.

EJERCICIO DEL CAPÍTULO 35

Integro la templanza

Sin prisa, pero sin pausa, *templanza*, ¡bienvenida!

Este ejercicio es uno de mis preferidos: *"crear mi templo".*

Te enseñaré paso a paso cómo crear tu *templo, tu espacio sagrado*. Tómate todo el tiempo necesario para este ritual. No te apures, cada elección es muy valiosa.

- ✷ Elige una tela en forma de cuadrado de un metro en cada lado aproximadamente. El color o la textura que te sea afín. Puedes darle un nombre si lo deseas. Si tienes el Mapa Cristal o la Misha Andina u otro mapa que sea significativo en tu vida, ¡adelante!

* Pon los cuatro elementos, una vela (fuego), la que te guste, en el lado superior. Una pluma o sahumerio (aire) en el lado derecho, una piedra (tierra) en el lado inferior. Una vasija con agua (agua) en el lado izquierdo.

* Elige algún elemento de la naturaleza que sientas que te representa: un cristal, una piedra, una madera, un animal y ponlo en el centro. Di:

"Yo (tu nombre) abro espacio sagrado de sanación y evolución, fuego, aire, tierra y agua, testigos de mi proceso, los invito a mi universo y declaro que solo entre lo afín a mí".

EJERCICIO DEL CAPÍTULO 36

Ritual de los deseos

¡Qué movilizante este tiempo de transformación! En este capítulo, haremos un repaso de los deseos de tu historia. ¡Los recordaremos para reencontrarnos con nosotras mismas!

* Haz una lista en tu bitácora mágica de los *deseos* que has tenido en tu infancia, en tu adolescencia y en tu adultez.

* Siente tu cuerpo, tu interior.

* Registra las emociones que disparan estos recuerdos.

* Mantente atenta los días siguientes a este ejercicio, tal vez los nuevos *deseos* te sorprendan.

EJERCICIO DEL CAPÍTULO 37
Despertar consciente

¿Cómo te sientes? Paso a paso vamos juntas transformando nuestras sombras en luz. En este ritual *seremos conscientes*. ¡Presta atención!

* Elige un momento del día donde puedas estar en soledad.
* Elige un espacio cálido y amoroso.
* Ponte una capa y cúbrete completa (puedes usar una sábana, un mantel, un pañuelo grande, un cortinado o una capa de diosa o de maga si es que tienes).
* Música que te inspire.
* Haz veinte respiraciones. Inhala, exhala. No te exijas, simplemente respira.
* Repite diez respiraciones más.
* En tu bitácora mágica escribe estas preguntas:

  ¿Soy quien deseo ser?

  ¿Soy quien esperan que sea?

  ¿Vivo la vida que elijo?

  ¿Vivo la vida que me toca?

  ¿Quién soy si me despojo de culpas, carencias, virtudes, propósito?

  ¿Quién no soy?

  ¿Qué me falta? ¿Qué me sobra para ser quien deseo ser?

* Si alguna respuesta surge, apúntala.
* Si no surge ninguna, tranquila.
* Repítete las preguntas en voz baja y siente.
* Con la mano derecha en el corazón y la izquierda en el ombligo di:

"Yo (tu nombre) encarno la conciencia, elijo *verme* sin juzgarme, elijo *verme* para conocerme, madurar y evolucionar. Lo declaro desde mi energía femenina y desde mi energía masculina. Que solo entre lo afín a mí. Dicho está".

* Puedes quedarte el tiempo que necesites en este momento de introspección.

¡Cuenta conmigo, caminamos juntas!

EJERCICIO DEL CAPÍTULO 39

Valor propio

¿Qué te ha parecido la historia de Camila? Haremos un hermoso ritual para crecer en valor. ¡Que lo disfrutes! Pasarás por los tres cubos. Adelante, sé valiente. No temas, somos muchas mujeres de cabellos largos caminando la misma senda.

* Te acompañan una vela prendida, un incienso, una piedra, una vasija con agua.
* En posición cómoda, imagínate entrando al primer cubo. Siéntate y toma una piedra. Imagina el tamaño, el color, el olor. Límpiala, púlela, quita todas las capas que no dejan ver el gran diamante que brilla dentro. Ponles nombre a esas capas. Podría ser: miedo, vergüenza, apatía, abulia, flojera, inseguridad.
* En el segundo cubo, visualízate rodeada de abundancia, de oro, de valor material, espiritual, mental. Imagina toda tu realidad brillando. ¿Cómo sería tu vida llena de valor?

* En el tercer cubo, elige una escena de tu aquí y ahora. Una escena que te pese, que te cueste, que te limite y *abrázala*. Abrázate, con amor, con compasión.

* En los días siguientes, hazte un obsequio. Y di:

 "Yo, (tu nombre) aquí y ahora, desde mi existencia y delante de toda forma de existencia declaro que me valoro al cien por ciento, valoro todo lo que hay en mi vida al cien por ciento y valoro todos los procesos que he vivido al cien por ciento. Me valoro y valoro mi vida. Dicho está".

EJERCICIO DEL CAPÍTULO 40
Sanación del mérito

¿Cómo te has sentido al leer este capítulo? Ahora es tiempo de pasar a la acción.

* Toma tu bitácora mágica y escribe los méritos que reconozcas en tu vida. Luego escribe cada uno de ellos en papeles individuales.

* Uno a uno, llévalos a tu boca y di:

 "Yo (tu nombre) reconozco en mí el mérito de (di tu mérito), me reconozco la creadora de este mérito y me comprometo a expandirlo y transformarlo en crédito, y así dirigirme hacia mi propósito".

* Una vez que hayas hecho lo mismo con todos tus méritos, pon los papeles escritos en un papel de regalo (no metalizado), coloca azúcar blanca para que este proceso sea amoroso y alegre, y maíz para que crezca y se multiplique en tu vida.

- Haz un pozo y lo entregas a la tierra (recuerda, maceta no, la tierra debe estar en libertad), o al fuego. Di:

  "Madre Tierra, abuelo Fuego, te entrego mis méritos, he tomado conciencia de la existencia de todos ellos en mi vida, y me comprometo a expandirlos. Gracias madre Tierra, gracias abuelo Fuego. ¡Hecho está!".

- Te ofrendas algo concreto, te haces un regalo, material o simbólico: tiempo, disfrute, lo que sea afín a ti para dejar sellado en una acción el comienzo de existencia de los méritos en tu realidad.

¡Qué belleza! ¡Es hermoso sentir junto a ustedes cómo la vibración y la sanación es posible en cada paso que damos juntas!

EJERCICIO DEL CAPÍTULO 44

Integro el miedo

Lo estás haciendo muy bien. Quiero felicitarte por tu valentía. Este es uno de los capítulos más difíciles de integrar. En este ritual, te equiparás de las palabras y los símbolos para que te acompañen donde sea que vayas y te aceche el miedo.

- En tu bitácora mágica, transcribe las frases del capítulo que sean afines a ti. También puedes crear las tuyas. Sería hermoso ya que lo que les comparto es simplemente una invitación para crear sus propias expresiones.

- Elige los cuatros elementos que representen a la tierra, al agua, al fuego, al aire. Deben ser pequeños y transportables. Te doy algunos ejemplos: puedes pintar piedras pequeñas de colores que representen a los cuatro elementos, puedes dibujarlos, puedes crearlos con porcelana, arcilla, puedes tejerlos. Lo que desees. El objetivo es que los tengas junto a ti.

* Cuando el miedo llegue, te detienes un instante, respiras, dices la frase elegida, y tomas en tu mano el elemento que necesites.

¡Confía!

EJERCICIO DEL CAPÍTULO 47
Ritual para decir NO

¡Cada vez estoy más emocionada en este viaje transformador!

* Plasma en tu *bitácora mágica*, en un lienzo, en una hoja, en arcilla, en una cinta, en un pañuelo, en una remera, en un tatuaje, en una pared, en la pantalla de tu teléfono celular o computadora, elige tú, como lo sientas, de la manera que necesites o desees la palabra *no*.

* Para que cada vez que lo veas en tu día a día, recuerdes lo que realmente significa decir *no*.

Conocerme

Soy coherente

Me valoro

Me doy tiempo

Basta de excusas

Tengo fundamentos

Simple

Soy fiel a mí

Elijo palabras nobles

Estoy en paz

EJERCICIO DEL CAPÍTULO 49

¿Qué es *hogar* para mí?

¿Qué has sentido en el cuento de Julieta?

Si te has identificado con ella debes estar movilizada.

En cambio, si te encuentras en tu hogar plena y a gusto, imagino la emoción por haberlo logrado.

En uno u otro caso, este ritual es bellísimo.

* Si aún no estás en tu hogar te propongo que tomes tu bitácora mágica y dibujes tu hogar. El lugar que para ti sea *hogar*. Recuerda "no hay *no puedo*". Un amigo mío me enseñó que el universo no está en crisis. Que ese dibujo tenga todo lo que deseas.

* Una vez dibujado, escribe cómo te sientes allí y cuál es el sentido de tu vida.

* Si ya estás en tu hogar, te propongo que tomes tu bitácora mágica y dibujes tu hogar. Trata de identificar qué lo hace tu hogar. Luego identifica cómo lo has logrado y si has sido consciente de ello.

EJERCICIO DEL CAPÍTULO 51

La vida que deseo

Inauguramos esta Parte 3 con un ritual hermoso. Quiero decirte que confíes en todo el proceso que has hecho hasta aquí. Una profunda inspiración y a poner a prueba todos los recursos, aprendizajes, herramientas que has conquistado.

* Toma tu *bitácora mágica* y escribe "La vida que deseo".

Identificarás las distintas áreas de tu vida:

* Familia - vínculos
* Trabajo
* Estudio
* Amistades
* Salud física y mental
* Ocio
  Puedes agregar las áreas que elijas. Estas son solo un ejemplo.
* Haz una narración en *presente* contando cómo comienza tu día en la vida que deseas. Por ejemplo *"Qué hermoso amanecer entre las montañas nevadas veo desde la cama. Amo vivir en Bariloche (ciudad en el sur argentino). Me preparo un café mientras me alisto para mi clase de yoga en mi Áshram (lugar de meditación) ..."*. Vas contando tu día paso a paso con el mayor lujo de detalles posibles.
* Cuando termines de escribir, haz una meditación visualizando todo lo que te has contado en tu bitácora.
* Cierra tu meditación con un "dicho está, hecho está".

- Haz una acción simple, pequeña, que te vincule con tu narración. En este caso, podría ser que pongas un video de Bariloche, con una música de fondo mientras haces yoga.
- Repite durante siete días los pasos anteriores e intenta variar las acciones.

¡Confía y sé creativa! Atenta a los boicoteadores externos e internos. ¡Continúa a pesar de todo!

¡Te acompaño con amor y magia!

EJERCICIO DEL CAPÍTULO 52

Entro a mi carpa

¿Cómo te has sentido en este capítulo? Sí, lo sé es muy fuerte y profundo. Pero recuerda que estás lista para transitar cada uno de estos momentos. ¡Recuerda que estoy contigo, no estás sola! ¡Adelante!

- Elige un momento de absoluta soledad, bajo ninguna circunstancia deberás ser interrumpida.
- Arma una carpa como tú elijas, en tu casa si no tienes posibilidades de hacerlo en el exterior, con sábanas, con mantas. Si tienes posibilidades de hacerlo en el exterior, sobre la tierra, hazlo también con los recursos que tengas a mano.
- Dentro de tu carpa deberás tener una vela y agua.
- Si lo deseas, puedes poner música serena, con sonidos de una playa, del mar.

* Si puedes y lo deseas, ingresa desnuda.
* En una posición cómoda, sentada o acostada respira profundamente durante algunos minutos.
* Lentamente di todo lo que deseas que se muera en ti, de tu vida, en las diferentes áreas.
* Permítete sentir todas las emociones que surjan, no te censures, no te reprimas.
* Tómate el tiempo necesario para sentir cómo tu yo va muriendo.
* Di:

"Yo (tu nombre) desde mi existencia y delante de toda forma de existencia doy por trascendido, concluido, liberado y sanado todo conflicto en mi vida. El ciclo del fin en mí, invita al ciclo del inicio. Estoy lista para Existir. Dicho está, dicho está, dicho está".

* Cuando te sientas preparada, comienza a decir lo que deseas que tome vida en ti. Siente la energía que llega.
* Identifica todas las emociones que llegan con lo nuevo.
* Tómate el tiempo necesario para sentir el nacimiento de tu existencia.
* Di:

"Yo (tu nombre) desde mi existencia y delante de toda forma de existencia celebro el despertar de mi existencia. Soy la protagonista del nuevo ciclo. Dicho está, dicho está, dicho está".

* Toma agua.
* Dúchate.
* ¡Celebra!

El guion de mi vida

Bienvenida, directora de tu vida. ¡Que comience el juego!

* En tu *bitácora mágica* escribirás tu guion. Recuerda que es en tiempo presente, como si ya estuvieras viviendo eso que tanto deseas. Detalla con cuidado y describe con precisión todo lo que sea importante para ti.
* "Yo (tu nombre) ..."
* Una vez escrito, crea un contexto sagrado para divinizarlo. Una vela, un incienso, agua y tierra.
* "Yo (tu nombre) desde mi existencia y delante de toda forma de existencia declaro el guion de mi vida divino, sagrado y honorable, para mi evolución y la de todos los que me rodean".
* Soplas tu escrito tres veces para que quede grabado tu aliento (aliento de vida, ánima, alma).
* Diviniza durante tres días seguidos.
* Al finalizar, arranca la hoja de tu bitácora y entiérrala con un poquito de azúcar blanco y arroz.

EJERCICIO DEL CAPÍTULO 56

Mi Constitución

¡Qué emoción! ¡Estás a punto de crear tu Constitución! Te daré algunas ideas, pero solo como orientación. Recuerda que es un documento personalísimo, por tanto, cómo elijas hacerlo estará perfecto.

* En tu *bitácora mágica* escribe frases, palabras que hablen de lo fundamental, imprescindible, valioso de tu vida. La idea es que esté formada por todos los valores y principios que no pueden faltar en ella. Deberá hablar de tu verdad, de tu esencia.

* Por ejemplo: Si en tu vida la honestidad es imprescindible, deberá estar anotada. Responsabilidad, respeto, disfrute, superación son algunas de las palabras que te doy de orientación.

* Ten en cuenta que no hay nada que esté ni bien ni mal. No te limites, no te condiciones con regulaciones externas. ¡Es tu propia Constitución y es tu propia verdad!

* Si lo deseas, puedes hacerlo sagrado. ¡De la manera que elijas! Ya a esta altura tienes muchísimos recursos.

¡Te acompaño!

EJERCICIO DEL CAPÍTULO 59

Descubro mis talentos

¿Lista para entrar a tu cápsula de los talentos?

En tu *bitácora mágica*:

* Dibuja la cápsula como más te guste.

* Dibuja a la Maga, al Ángel y a la Dragona.

* Y dentro escribe tus talentos. ¿Cuántos? ¡Tú sabes!

¡Te acompaño!

Mi propósito

Hermagas, es hora de poner una vez más las manos en la masa. Transformar un deseo en un *propósito*.

Recuerden:

* Seleccionen cuidadosamente y conscientemente las palabras.
* No pidan, *elijan*.
* En qué mejora su vida, su mundo.
* Que fallas deberán trascender, qué valores y actitudes deberán integrar.
* ¡Una más! Comiencen con YO (su nombre). El universo debe saber quién está hablando.

Escriban su propósito en su *bitácora mágica*. Sepan que puede llevarles un buen tiempo hacerlo, tal vez días o semanas. Tal vez lo retoquen varias veces. Tranquilas, que lleve todo el tiempo que sea necesario. ¡Debe quedar 10 puntos! ¡Porque lo que viene es magia pura!

¡Las acompaño siempre!

EJERCICIO DEL CAPÍTULO 64

Mi despacho ritual

Lo primero que haremos es abrir Espacio Sagrado.

¿Qué es Espacio Sagrado?

El Espacio Sagrado es también un elemento simbólico que va a determinar que lo que nosotros estamos haciendo no corresponde a ningún paradigma construido. Por ejemplo, en este preciso momento estoy escribiendo en la ciudad de Buenos Aires, soy alguien más, un personaje más de la ciudad y funciono según los patrones, tradiciones, características, horarios, conflictos, paradigmas construidos que le dan una identidad específica al lugar. Pero cuando abro Espacio Sagrado, todo lo que hay aquí, trabaja para mí y dejo de ser una más. Es mi propio mundo con mis propias reglas.

Integramos el espacio que es el universo dentro de nosotros. Normalmente estamos dentro del espacio, yo estoy dentro de Buenos Aires, Argentina, o dentro del planeta Tierra y tengo que conseguir que psíquicamente y energéticamente el espacio esté dentro de mí; entonces el espacio se define a través del cuatro, que es norte, sur, este y oeste. Tú para orientarte dentro del espacio tienes cuatro direcciones, norte, sur, este y oeste. También se define a través del tiempo: otoño, primavera, invierno, verano, y de los cuatros elementos: fuego, agua, tierra, aire.

En esta representación de cuatros, nosotros somos el cinco, somos quienes manejamos al cuatro y de esta manera el espacio se vuelve sagrado. Cada uno de estos elementos tienen atributos (ver Capítulo 61, "Los cuatro elementos") tienen sentido y coherencia.

Les sugiero usar algún instrumento como tambor o campana, para crear fuerza y que nuestra voz se eleve y tenga poder.

❋ Entonces, nos paramos mirando al norte (nuestro norte, no tiene que coincidir con el norte de la brújula) y decimos: *"Hola norte, bienvenido mi universo. Despierta* (y le soplamos, porque al soplarle le damos vida). *Despierta, despierta, en ti*

invoco a la prosperidad, en ti invoco a la energía cristal que venga
y me acompañe Cristal, en ti invoco a Quetzalcóatl, que venga y me
acompañe Quetzalcóatl, que venga Horus, ven a mi Horus (invoco a las
deidades que quiero que estén), *invoco a la magia que quiero que me*
acompañe en este camino, en este proceso, invoco a la coherencia, invoco
a todas las ideas que quiero que me acompañen, invoco al éxito".
"Bienvenido colibrí con tu vuelo liviano, con tu capacidad de virar
con alegría y fluidez, bienvenido abuelito Fuego, invoco al carisma, al
poder personal, a la fuerza, a la pasión, bienvenida prosperidad, amor,
alegría, conciencia, paz, armonía, creatividad, juego, mago Merlín,
hadas y diosas ancestrales, Afrodita, Triple Diosa, Odín, Jesús, Buda,
los invito". (Atención: solo nombren a las divinidades que les
sean afines. Esto solo es un ejemplo).

* Luego giramos mirando al este, en el este invocamos a todo
el conocimiento: *"Hola este, bienvenido a mi universo. Despierta*
(soplamos), despierta (soplamos), despierta (soplamos), yo (tu nombre)
invoco a todos los conocimientos iniciáticos, que todos los conocimientos
desarrollados por todos los grandes iniciados vengan a mí, invoco a todo
el conocimiento de la prosperidad, de la salud, a todo el conocimiento
de la creación, del desarrollo. Bienvenido sol, bienvenido cóndor;
admiramos e imitamos tu vuelo alto, certero y sin miedos, imitamos tu
poder tu fuerza, invoco al aire, que venga a mí el aire, que venga a mí la
idea, el entendimiento, la palabra, la capacidad de hablar, de escuchar
de crear realidades con mi palabra" y sopla.

* Ahora giramos y miramos al sur, en el sur invocamos todo lo
que ya está manifestado, en este caso vitaminas y minerales.
Vamos a invocar al oro, a la plata, a todas las vitaminas y a todos
nuestros ancestros que nos apoyen con su fuerza en este ritual.

"Hola sur, bienvenido a mi universo. Despierta (soplamos), despierta (soplamos), despierta (soplamos), yo (tu nombre) invoco al oro, que todo el oro de este lugar venga a mí, multiplique mi crédito, multiplique mi valor, oro ven a mí, invoco a la plata, a todas las vitaminas, a todos los aminoácidos, todos los minerales de este lugar vienen para fortalecerme, invoco a todas las fuerzas de mis ancestros, que todos mis ancestros me apoyen en este ritual, en esta transformación que yo elijo hacer, a todas las fuerzas de la tierra que me acompañen durante este proceso. Hola Amaru serpiente sabia, que vienes a ayudarme a despertar, imitamos tu danza oscilante que asciende por nuestro cuerpo lenta, suave, certera. Te invoco tierra, representas la acción, representas la abundancia, que todas las acciones que emprendo me lleven a la abundancia y a la virtud y sean precisas y concretas".

✳ Ahora giramos hacia el oeste. Allí está todo lo desconocido. *"Hola oeste, bienvenido a mi universo. Despierta (soplamos), despierta (soplamos), despierta (soplamos), yo (tu nombre) invoco a todo lo desconocido, a todo lo que va más allá de mi mente, más allá de mi razón, que todo lo que venga más allá de mi mente y mi razón venga de manera armónica y fluida, de manera coherente. Hola puma, hola quilla, luna misteriosa, sombras de mi existencia, caminos desconocidos, nuevos y mágicos, oscuros y tenebrosos, gran puma, te invito y camino como tú, con la seguridad y la valentía en la oscuridad sabiendo siempre por dónde caminar. Hola agüita que recorre mi cuerpo, que fluye en mi útero y se expande viva, fuerte, única, mágica, tú representas el humor, representas la capacidad de fluir con todo lo que sucede, decido que, en mi vida, en mi existencia en mi realidad haya buen humor, decido fluir con todo lo que es, decido vivir, decido experimentar"* y soplamos.

* Cuando hemos hecho esto, nos agachamos para darle las gracias a la Tierra y, al hacerlo, nos declaramos vivos delante de ella y a ella viva delante de nosotras.

  "Gracias madre Tierra Pachamama por darme tu base como punto de origen. Te reconozco y vives en mí, me reconozco y vivo en ti, tú y yo somos una unidad".

* Miramos al cielo, al Sol:

  "Tata Inti, padre Sol, gracias por toda la luz que me das, me reconozco otro tú, te reconozco otro yo". Invoco la fuerza de los astros, del mundo cuántico, de todos los universos, de todo el cosmos, de todo aquello que sea afín a mi propósito. Declaro abierto este Espacio Sagrado, de construcción de propósito, de prosperidad, de sanación, de perfección, de dignidad, donde solo permito que entre lo afín a mí, así es, así sea, hecho está" y sopla.

* Al finalizar, sentiremos cómo la energía se eleva. De aquí en adelante, todo sucede dentro de un Espacio Sagrado individual, propio, único, estemos donde estemos, sea cual fuera el contexto exterior.

Ahora sí, estamos listas para transformar en ofrenda mágica nuestro propósito. Debemos tener presente la construcción lógica, por lo tanto, tengamos la bitácora al lado.

* Desplegamos nuestro papel de regalo.

* Elegimos la hoja de laurel más fea que tengamos, a través de ella quitaremos las fallas que escribimos, eso que no nos ayuda para lograr nuestro propósito. En mi propósito que puse de ejemplo en el capítulo anterior, mi falla es: exigencia desmedida. Y decimos:

  "Yo (tu nombre) aquí y ahora, reconozco que mi falla es la exigencia desmedida y desde este momento doy por concluido, doy por

trascendido y liberado, todo conflicto que tenga conmigo y me libero de esta falla aquí y ahora (soplamos tres veces la hoja). *Perdóname, te perdono y me perdono,* y la rompemos, y decimos *"fuera".* Al hacer este acto de romperla, simbólicamente le estamos diciendo a nuestro psiquismo que no queremos más. La dejamos en el centro del papel.

❋ Encima de la hoja rota, colocamos azúcar morena. Primero le hablamos: *"Hola azúcar, bienvenida a mi universo. Despierta, que a través tuyo se endulce y se armonice esta falla que acabo de sacar, que todo esto se vaya de manera dulce".*

¿Por qué le hablamos al azúcar?

Porque cuando hablamos le damos alma, la palabra *alma* viene de *animar,* le animas, le das energía y esa energía que le das es lo que transforma la cosa. Lo mismo cuando soplamos, estamos animando, estamos despertando y llenando de nuestra energía para que cada elemento forme parte de la misma energía ritual. Dicho esto, ¡sigamos!

❋ Agregamos pasas para que todo pase a la tierra y se borre: *"Hola pasas, bienvenidas a mi universo. Despierta, despierta, despierta. Que todo este conflicto, que toda esta falla pase a la tierra, se borre de mi vida y de mi existencia y que la tierra lo transforme en virtud y coherencia"* (soplamos tres veces).

❋ Tomamos algodón, lo suficiente como para que todo lo anterior quede cubierto. Recordemos que lo que hay debajo del algodón es el pasado, lo que hay encima es el futuro: *"Hola algodón, bienvenido a mi universo, gracias por estar aquí, tú eres el filtro entre el pasado y el futuro. Todo lo que construyo encima de ti es el futuro, que lo hago presente".*

* El siguiente paso es untar con la grasa una linda hoja de laurel, linda porque ahora vamos a expresar lo que elegimos construir: *"Hola hojita de laurel, bienvenida a mi universo. Despierta, despierta, despierta (soplamos). Yo (tu nombre) elijo escribir un libro de evolución consciente y magia que inspire a millones de seres en el mundo y salga a la venta antes de diciembre de 2021".* Dejamos esta hoja sobre el algodón, en la parte superior con el rabito hacia la izquierda y el lado derecho de la hoja mirando hacia arriba (las hojas tienen un derecho y un revés).
* Tomamos una hoja más de laurel y en ella pondremos lo que gana nuestro mundo, en qué mejora nuestro mundo con este deseo: *"Hola hojita de laurel, bienvenida a mi universo. Despierta (soplamos), Despierta (soplamos), Despierta (soplamos), yo (tu nombre) declaro y reconozco que mi mundo mejora a través de este propósito, mi vida profesional se expande, mis afectos celebran y disfrutan, mi alma brilla, en un contexto de paz, creatividad y afinidad a mi proceso de existencia consciente".*
* Soplamos y colocamos debajo de la hoja anterior con el rabito hacia la izquierda.
* Tomamos una tercera hoja de laurel, en ella pondremos la actitud interna que requerimos para llegar a nuestro propósito: *"Hola hojita de laurel, bienvenida a mi universo. Despierta (soplamos), despierta (soplamos), despierta (soplamos), yo (tu nombre) aquí y ahora desde mi existencia reconozco que la actitud interna que requiero para completar mi propósito es la fluidez, el juego, la alegría, la creatividad y desde este momento declaro que estas virtudes están integradas".*

Hemos hecho la primera traducción simbólica, ahora comenzaremos a condimentar con los elementos que traerán éxito.

* Primero vamos a empezar por la parte masculina, representada en el lateral derecho. Empezamos con el arroz. *"Hola arroz, bienvenido a mi universo. Despierta (soplamos), despierta (soplamos), despierta (soplamos), tú representas el crecimiento. Que todo lo que he puesto en esta construcción crezca en mi vida, en mi existencia y en mi realidad y me haga crecer de manera armónica".* Lo pondremos solamente en la parte derecha. ¡Atención! Estamos poniendo el arroz, pero no lo estamos poniendo en todo el papel, sino que lo distribuimos desde la mitad de las hojas hacia la derecha.

* Seguimos con los fideos letras. *"Hola letras, bienvenidas a mi universo, ustedes representan la capacidad de comunicación, que mis palabras que diga estén alineadas y sean coherentes a mi propósito".* Ubicamos en el mismo lugar que el arroz.

* Continuamos con las lentejas. *"Hola lentejitas, bienvenidas a mi universo. Despierten (soplamos), despierten (soplamos), despierten (soplamos), ustedes representan la prosperidad, el dinero, el valor, que todo este prepósito se manifieste".* Las ubicamos en el mismo lugar que el arroz y las letras.

* Ahora el maíz. *"Hola maíz, bienvenido a mi universo. Despierta (soplamos), despierta (soplamos), despierta (soplamos), tú representas la multiplicación".* Lo ubican junto a lo anterior.

* Finalizamos el sector derecho, lo masculino. Y pasamos al lateral izquierdo que representa la energía femenina.

* Comenzamos con el azúcar blanco. *"Hola azúcar, bienvenida a mi universo. Despierta (soplamos), despierta (soplamos), despierta*

(soplamos), tú representas la dulzura, la armonía y alegría, la compasión". Colocamos el azúcar en todo el lateral izquierdo.

* Tomamos algunos dulces. *"Hola dulces, bienvenidos a mi universo. Despierta (soplamos), despierta (soplamos), despierta (soplamos), ustedes representan la alegría, la diversión, la vitalidad".* Los ubicamos junto al azúcar.

* Es el turno de la brillantina. *"Hola brillantina, bienvenida a mi universo. Despierta (soplamos), despierta (soplamos), despierta (soplamos). A través de ti lleno de brillo, éxito y luz mi propósito".* Lo distribuimos por todo el despacho.

* Agregamos ahora, un toque de esencia aromática. *"Hola canela, bienvenida a mi universo. Despierta (soplamos), despierta (soplamos), despierta (soplamos). A través de ti lleno de buena energía mi propósito".* La distribuimos por todo el despacho.

* Finalmente tomamos unos billetes. *"Hola dinero, bienvenido a mi universo. Despierta (soplamos), despierta (soplamos), despierta (soplamos). Tú representas el valor en mi propósito".* Lo distribuimos por todo el despacho.

* Es momento de cerrar el despacho. Lo hacemos de la misma manera en que envolvemos delicadamente un obsequio a alguien que amas mucho. Atención, ¡no lo volteemos! ¡Si no queremos que se voltee nuestra realidad! Pongamos un hilo o cinta alrededor para ajustarlo.

Es hermoso ver cómo lo que al inicio era solo una idea, ahora se puede ver, oler, tocar, esto nos lo da lo simbólico.

¿Qué hacemos ahora con esta ofrenda?

✱ El último paso es llevar nuestro despacho a la tierra, se lo entregamos a ella. ¿Cómo? Hacemos un hoyo, reconocemos a la tierra *"Hola tierra, bienvenida a mi universo, aquí te entrego esta ofrenda con toda la construcción de lo que deseo vivir en mi vida".* Le damos un beso, también podemos llevarnos una pizca de tierra debajo de la lengua para estar en absoluta sincronicidad, podemos cantarle, podemos meditar, podemos acostarnos sobre ella, o simplemente, tapamos el hoyo y nos vamos.

Entiendo que este capítulo es muy intenso. Por eso mi recomendación es que lo leas lentamente, que vuelvas todas las veces que lo necesites. Integrar lo simbólico es una tarea hermosa, mágica y llena de sorpresas.

Cuando te sientas lista, ¡haz tu despacho ritual! ¡Mi energía y amor estarán en ese preciso instante junto a ti!

Tiempo de florecer

Las palabras danzan en mi mente, las emociones en mi corazón, todas quieren un lugar en este momento. ¿Cómo ordenarlas? ¡Si yo también me siento de la misma manera que tú! Una energía imparable se expande desde el centro de mi pecho mientras el reflejo de la ventana me sorprende con una sonrisa llena de vida.

Tomémonos un instante para mirar hacia atrás. ¿Recuerdas el día en que *BROTA* llegó a tus manos, a tu vida? Cuánto recorrido, qué valiente has sido. Porque si hay algo cierto en esta historia es que algunos libros, experiencias, personas llegan a nuestra vida para sacudirnos completamente y ayudarnos a tomar conciencia de quiénes somos y con qué sentido estamos viviendo nuestra vida.

El caos, el terror, la angustia, la incomodidad, la desesperación en el inicio. La valentía y disciplina después. La pura transformación y trascendencia al final. Un final que es un nuevo comienzo. Un nuevo ciclo en tu existencia.

Cuentas con valiosísimas herramientas para seguir tu camino. Tantas, que nada ni nadie podrá detenerte jamás. Y cuando los cimbronazos de la vida intenten convencerte de lo contrario, vuelve a *BROTA* todas las veces que sean necesarias.

En el camino no existe la linealidad rígida. Más bien, nos zambullimos en una danza consciente y generosa en espiral. Volver sobre nuestros pasos no significa que algo "nos salió mal". Esta es la manera para impulsarnos con mucha más fuerza.

A lo largo de esta aventura, seguramente hayan quedado capítulos para leer con más calma o rituales que les costaron hacer. Tranquilas. Hay temas muy dolorosos. Ejerciten la paciencia y compasión con ustedes mismas. Les aseguro que reconocerán perfectamente el momento preciso para poner el pecho y enfrentar todo aquello que aún les causa pavor. Cuentan conmigo siempre.

Estamos llegando al final, las lágrimas tibias acarician este teclado que durante un año fue ordenando mi mente y mi alma. Luces hermosas y sombras tenebrosas me acompañaron todo este tiempo. Es tan extraño lo que siento aquí y ahora, jamás pensé que escribir un libro generaría tanto en mí. Elijo compartirlo porque yo también he *brotado* mientras lo creaba.

Me descubrí semilla. Me descubrí arando la tierra donde plantarme. Me descubrí regándome todos los días: aprendiendo cuánta agua necesitaba, ni de más para no ahogarme, ni de menos para no secarme. La justa medida.

Me descubrí siendo paciente cada vez que comprobaba que nada nuevo asomaba en mi tierra, porque sabía perfectamente que la tarea estaba bajo tierra, en las grandes profundidades. Me descubrí feliz cuando un tallo finito y pequeño decidió asomar. Me descubrí una guerrera frente a las inclemencias del tiempo. Nada detenía mi crecimiento. Me descubrí poderosa cuando, del tallo, las ramas saludaron orondas. Y un mágico día, *el día*, me descubrí flor.

Yo Gui, desde mi existencia y delante de toda forma de existencia, honro la semilla que vive en cada una de nosotras. Entiendo, comprendo y asumo que a partir de este momento BROTAR es la más noble ofrenda que podemos dejar en esta tierra.

Dicho está.

Agradecimientos

Agradezco a todos y a cada uno de los seres que me permitieron ser parte de su proceso de sanación a lo largo de los últimos veinte años de mi vida profesional. Se animaron a golpear las puertas de mi templo, con el corazón deshecho, la mente aturdida y el cuerpo agobiado, en los momentos más sombríos de sus vidas. Han sido mi gran fuente de inspiración.

Agradezco a cada una de las mujeres y de los hombres de mi familia, generación tras generación. Los reconozco, los honro, viven en mis agüitas internas.

Agradezco al dolor físico, mental y emocional. Sin ellos jamás hubiese despertado.

Agradezco a la magia, no concibo mi vida sin ella; vive en cada una de estas páginas. Que descubrirla, pulirla y ejercitarla como un sublime acto de amor sea la llave para construir una vida que favorezca la evolución del todo.

Bibliografía

* A. C Bhaktivedanta Swami Prabhupada. *El Bhagavad-gítá tal como es. Su divina gracia.* (2014). India: Ediciones The Bhaktivedanta Book Trust International.
* BERG, Yehuda. (2016). *Prosperidad verdadera.* Buenos Aires: Ediciones Kabbalah Center.
* BOURBEAU, Lise. (2014). *Obedece a tu cuerpo.* Buenos Aires: Ediciones Sirio.
* CADDY, Eileen. (2019). *La voz interior.* Barcelona: Ediciones Luciérnaga.
* COELHO, Pablo. (1999). *El alquimista.* Buenos Aires: Ediciones Planeta.
* DISPENZA, Joe. *Deja de ser tú.* (2012). Barcelona: Ediciones Urano.
* DISPENZA, Joe. *El placebo eres tú.* (2014). Barcelona: Ediciones Urano.
* FRANKL, Viktor. (2015). *El hombre en busca de sentido.* Barcelona: Ediciones Herder.
* HAY, Louise L. (2016). *El poder está dentro de ti.* Buenos Aires: Ediciones Urano.
* HAY, Louise L. (2018). Usted puede sanar su vida. Buenos Aires: Ediciones Urano.
* MATTHIEW, Ricard. (2009). *El arte de la meditación.* Navarra: Ediciones Urano.

* PAUCCAR CALCINA, Nicolás. (2018). *La última Montaña*. Buenos Aires: Ediciones Gráfica América.
* PINKOLA ESTÉS, Clarissa. (2000). *Mujeres que corren con los lobos*. Barcelona: Ediciones B. Grupo Z.
* RUIZ, Miguel. (1998). *Los cuatro acuerdos*. Barcelona: Ediciones Urano.
* SHINODA BOLEN, Jean. (2015). *Viaje a Avalon*. Buenos Aires: Ediciones Kairós.
* SHINODA BOLEN, Jean. (2018). *Las diosas de cada mujer*. Buenos Aires: Ediciones Kairós.
* VALLS, Miguel. (2017). *El Manual del Iniciado*. España: Ediciones Universo Cristal.
* WEISS, Brian. (2016). *Muchas vidas, muchos maestros*. Buenos Aires: Ediciones B.
* Algunos de los rituales y ejercicios de la Parte 4 del libro están inspirados en la Enseñanza Diamante, Escuela Cristal.
  Su fundador: Miguel Valls. Girona, España.

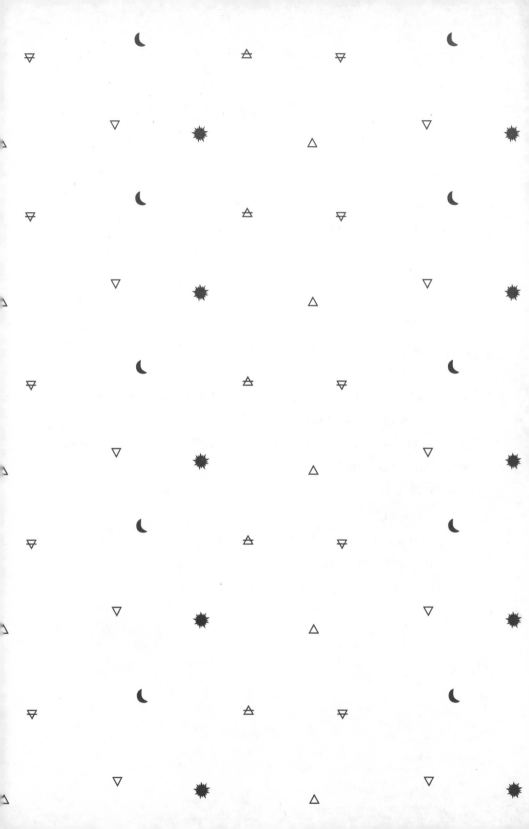